物理高效课堂

教学策略研究

吴晓玲 著

汕头大学出版社

图书在版编目（CIP）数据

物理高效课堂教学策略研究 / 吴晓玲著． -- 汕头 ：
汕头大学出版社，2023.9
ISBN 978-7-5658-5161-2

Ⅰ．①物… Ⅱ．①吴… Ⅲ．①中学物理课－教学研究
Ⅳ．① G633.72

中国国家版本馆 CIP 数据核字（2023）第 206288 号

物理高效课堂教学策略研究
WULI GAOXIAO KETANG JIAOXUE CELÜE YANJIU

作　　者：吴晓玲
责任编辑：郭　炜
责任技编：黄东生
封面设计：古　利
出版发行：汕头大学出版社
　　　　　广东省汕头市大学路 243 号汕头大学校园内　邮政编码：515063
电　　话：0754-82904613
印　　刷：廊坊市海涛印刷有限公司
开　　本：710mm × 1000 mm　1/16
印　　张：9.75
字　　数：200 千字
版　　次：2023 年 9 月第 1 版
印　　次：2024 年 5 月第 1 次印刷
定　　价：68.00 元
ISBN 978-7-5658-5161-2

前　言

　　物理学是自然科学中最基础的部分之一，它研究物质最基本、最普遍的运动形态以及各层次的作用、结构等规律的科学，其既是一门实验科学，也是一门精密的定量科学。学生在学习这门科学过程中，既要学习基本的学科知识，还要掌握科学的方法，获得一定的观察、实验、想象、推断和思考能力，任务不可以说不重，要求不可以说不高。要让学生达到这些要求，教师的教学方式方法也要尽可能科学、高效。学生每天学习时间主要以在校时间为主，而课堂又是学校教学的主要阵地，所以，在课堂上，教师应以尽可能少的投入，取得尽可能好的教学效果。于是，构建高效课堂成为提高物理教学水平的必然要求。

　　物理的高效课堂是指在新课程改革的理念下，充分发挥学生主体作用，让学生积极参与到课堂教学中来，使他们在有限的课堂教学时间内掌握所学的物理知识，提高学习效率，师生有效互动，从而实现教学目标。提升物理课堂教学有效性有利于学生进行更好的高效的学习，同时有利于培养学生科学素养，加强学生动手操作实验能力，促进学生能力全面提升。新课改强调学生的主体地位，要求教师以学生为核心展开教学活动，实现高效课堂.物理是一门理论性、科学性、实验性很强的学科，需要教师立足教学现状，根据不同的教学内容采取不同的教学方法.

　　构建物理高效课堂，培养学生终身学习所需的基本方法和技能，不仅是新课程标准基本理念的内在要求，也是全面推进素质教育的需要，更是当今社会对高素质人才的迫切需求。鉴于此，本书围绕"物理高效课堂教学策略"这一主题，以物理高效课堂概念与理论基础为切入点，由浅入深地阐述了物理高效课堂的特征、参考指标与评价，系统地论述了物理高效课堂构建的原则与策略，探究了物理高效课堂的实施目的、要求与策略，诠释了基于导学案、自主学习、小组合作学习、高效"6+1"课堂教学模式的物理高效课堂教学创新，以期为读者理解与践行物理高效课堂教学策略提供有价值的参考和借鉴。本书内容翔实、条理清晰、逻辑合理，在写作的过程中注重理论性与实践性的相结合，适用于物理教育研究者，也适用于工作在一线的物理教师。

　　对建构物理高效课堂的研究是一项很有意义的工作，不仅是物理学科教学的发展需要，也是时代和社会对人才培养的迫切需求。在写作本书的过程中，作者借鉴了许多前人的研究成果，再次表示衷心感谢。由于笔者水平、能力以及客观条件的限制，本书一定存在一些不足，恳请读者、同行、专家学者提出宝贵意见和建议。教无止境，对于一名未来的中学物理教学工作者来说，建构高效物理课堂永远在路上，只有起点而无终点。自己在今后的教育教学工作中，将有兴趣继续从理论和实践方面进一步对本研究进行深化和拓展，以追求高效为目标，切实提高课堂教学的有效性，为培养更多更好的合格人才作出应有的贡献。

目　录

第一章　物理高效课堂概念和理论综述 ……………………………… 1

　　第一节　物理高效课堂的概念与理论基础 ……………………… 1

　　第二节　物理高效课堂的特征 …………………………………… 12

　　第三节　物理高效课堂的参考指标 ……………………………… 16

　　第四节　物理高效课堂评价的思考 ……………………………… 22

第二章　物理高效课堂构建的原则与策略 …………………………… 27

　　第一节　物理高效课堂构建的基本原则 ………………………… 27

　　第二节　基于教师教学行为的高效课堂构建策略 ……………… 35

　　第三节　基于学生学习行为的高效课堂构建策略 ……………… 39

第三章　物理高效课堂的实施目的、要求与策略 …………………… 42

　　第一节　物理高效课堂实施目的与环节 ………………………… 42

　　第二节　物理高效课堂实施要求与前提 ………………………… 45

　　第三节　物理高效课堂实施策略 ………………………………… 52

第四章　基于导学案的物理高效课堂构建策略 ……………………… 65

　　第一节　相关概念和教学理论基础 ……………………………… 65

　　第二节　导学案在物理高效课堂中的设计 ……………………… 80

　　第三节　通过导学案构建物理高效课堂的实践 ………………… 85

第五章　基于自主学习的物理高效课堂构建策略 …………………… 89

　　第一节　自主学习的理论基础 …………………………………… 89

第二节　基于自主学习构建物理高效课堂的可行性与基本原则 92

第三节　通过自主学习构建物理高效课堂的策略 94

第六章　基于小组合作学习的物理高效课堂构建策略 100

第一节　基于小组合作学习的物理高效课堂的概念 100

第二节　物理高效课堂教学中合作学习小组构建的原则与要素 113

第三节　物理高效课堂教学中合作学习小组构建的方法与策略 118

第七章　基于高效"6+1"课堂教学模式的物理高效课堂教学实践 124

第一节　高效"6+1"课堂教学模式的实施 124

第二节　高效"6+1"课堂教学模式的案例展示

　　　　——以"宇宙航行"为例 134

第三节　高效"6+1"物理课堂的完善策略 138

结束语 145

参考文献 147

附录：日常行为评价细则 150

第一章　物理高效课堂概念和理论综述

第一节　物理高效课堂的概念与理论基础

一、物理学概述

物理学是研究物质结构，相互作用和运动规律的自然学科。物理学的研究方法是在观察和实验的基础之上，建立物理模型，提出定量、简洁的猜想，用实验结合数学推理的方法去验证这些猜想或者在实践中完善这些猜想。至今已经形成分支众多，方法完备的科学体系，对科技进步，经济发展，生产生活水平的提升影响最为深远。

物理学科的特点，要求物理学的研究人才除了具备丰富的物理、数学知识之外，也要掌握物理的科学研究方法，具备较高的创新意识以及自主学习能力，团队合作的能力和实验能力。这对物理教学提出了要求。

学生是国家发展振兴的储备人才，学校和教师要培养什么样的物理人才？学生要掌握必需的物理知识，养成自主学习、研究的习惯，初步掌握科学研究的思想和方法，具备一定的创新意识，为日后深入的学习和研究打好基础。因此物理教学既要服从于高考和社会对应试，分数的刚性需求又要有自身的学科特点，故而教师在教学设计时，各种活动要能达到对应的目的，即：以自主学习活动培养自主学习习惯；以小组讨论活动锻炼语言表达能力，小组实验活动，锻炼团队协作能力和动手能力，培养创新意识；使学生既学到了知识与技能，也培养了意识与能力、树立了科学精神与态度等。要实现这些，不能只依靠"满堂灌"和"题海战术"这样的方法。

二、有效教学概述

（一）有效教学的定义

"有效教学"是指能够促进学生学习进步和发展的教学，学界对这一基本内涵已达成共识，但关于"有效教学"的评判标准、影响因素、实施策略的研究结论依旧众说纷纭。这主要是因为理论依据、评价观和研究视角等的差异，同时折射出当前的有效教学研究尚缺乏坚实而确切的理论基础。"有效教学"研究要回答的核心问题是："什么样的教学是有效的"和"如何实现有效的教学"。这与教学过程最优化理论不谋而合，前者表述为"有效"，后者则称"最优化"。实质上，教学最优化和有效教学都在追求高质量、能促进学生学习进步和发展的教学。

（二）有效教学的基本评判尺度

1. "有效益"：教学有益于社会和学生的发展

"教学效益"关注的是教学目标是否适应社会和学生发展的需要。在有效益的教学中，教学目标与任务的确立应以社会和学生的实际需要为依据，使教学服务于社会和学生的发展。

"由于社会需要，对现代课堂教学应综合地解决学生的教养、教育和发展三项任务。"[①]巴班斯基认为，要结合国家和社会的要求来制定"教养""教育""发展"三个方面的教学目标和任务，从而促进学生"全面和谐发展"。具体而言，"教养"是指知识、技能方面的目标，包括掌握所学学科的基本概念、规律、理论、科学事实、专业技能、学习技能和技巧；"教育"是指综合素质方面的目标，包括培养学生的世界观、对其进行思想政治教育、道德教育、劳动教育、职业指导、美育和体育；"发展"是指学习潜能方面的目标，包括培养学生在学习中的思维能力和表达能力、提高学生的独立精神和克服学习困难的能力、发展学生的学习兴趣和健康情感等。

巴班斯基对教学目标和任务的要求，兼顾了社会实际发展和学生全面发展的需要，用"综合的观点提出了教养、教育和发展统一全面的教学任务"[②]，基本理清了教学效益的内容。但是，这种观点在一定程度上忽视了学生是独立自主、有个性的人，而不仅为国家公民、社会的建设者，过分地强调了国家和社会对教学的要求，对学生个性和创造力的发展不够重视。"在教育教学目标上，过于强调社会发展需要，忽视学生个体发展的需求"。[③]

2. "有效果"：教学最大限度地实现教学目标

"教学效果"反映教学能否最大限度地实现既定的教学目标和任务。有效果的教学在教学结束后能使教学目标成为现实，让学生学有所获。"归根结底，教学效

① 巴班斯基.论教学过程最优化[M].吴文侃，等译.北京：教育科学出版社，1982：60，120.
② 巨瑛梅，刘旭东.当代外国教学理论[M].北京：教育科学出版社，2005：174.
③ 王春华.巴班斯基教学过程最优化理论评析[J].山东社会科学，2012（10）：188-192.

果不是决定于教师打算教给学生什么东西，而是决定于学生本身在课堂教学时间里掌握了什么东西。"[①]

巴班斯基认为教师要在领会国家和社会要求的教学教育任务，全面研究学生"实际可能性"的基础上，使任务和目标具体化，此为实施教学的第一步。在教学的最后环节，教师要回答在解决既定任务时，每个学生和班集体在学习上和发展上是否取得教师预期的积极进展[②]，从而检验教学是否符合了教学的效果标准。由此可见，其一，有效果的教学必须实现既定的教学目标和任务，让学生在教养、教育、发展方面取得进步。其二，有效果是相对于学生的实际可能性而言的，如通过教学使一位中等生考试优秀，可以说教学有效果，但使一位优等生考了优秀也许并不算有效果，对第二个学生所做的教学工作不是有效的，因为没有充分发挥该生学习的实际可能性，有效果通常被认为是一个绝对的概念（考试达到60分或80分就是有效果），要求不同水平的学生都达到一个绝对的学习标准，但在巴班斯基看来，它却是一个相对概念，指相对于学生实际可能性最大限度的学习收获与发展。

但必须指出的是，教学过程的动态性、教学事件的突发性、教师教学行为的灵活性、学生学习的差异性和创造性等都有可能造成教学结果偏离或超越预设的教学目标，巴班斯基过于强调教学的"预设性"而对其"生成性"、学生在教学目标之外可能取得的学习效果和积极收获有所漠视。此外，过于强调效果的概念容易使人们滋生对教学结果功利性的追求，苛求教学立竿见影的效果，而忽视了教学效果的隐蔽性、滞后性和持续性。

3. "有效率"：教学为师生减免不必要的消耗

教学效率涉及的问题是教学能否在保证效益和效果的基础上，最低程度地耗费师生的时间和精力，减免不必要的工作和学习负担。它要求教师和学生花费最低的必要的时间、精力和物力条件来达到教学效果和质量的最优化。

巴班斯基认为判断教师和学生在教与学中的时间精力花费是否最优要依据消耗的时间和精力两者与现行学校卫生标准相符合的程度。衡量依据包括：教师对差生额外辅导的时间是否减少、每学期结束后抽查教师的疲劳程度和健康程度、学生的课堂作业和家庭作业时间是否高于学习和劳动卫生标准规定的最高时间标准、学生和教师经过休息后能否恢复正常的学习和工作精力等。

有效教学中的效益、效果、效率缺一不可，没有效益的教学，教学目标和任

[①] 巴班斯基.论教学过程最优化[M].吴文侃，等译.北京：教育科学出版社，1982：60，120.

[②] 巴班斯基.教学过程最优化——一般教学论方面[M].张定璋，等译.北京：人民教育出版社，2010：58，74，171，13，259，260.

务本身就不符合社会和学生的发展需要，如教师以培养学生死记硬背的能力为目标来实施教学，即使实现了目标也是低效，甚至负效的教学。拟定的教学目标与任务对学生和社会很有益，但教学实施过后却不见学生学习的实际效果，这样的教学也是低效和无效的。教学不顾师生承受的过度压力，其效益和效果是难以持续的。当然，教学如果一味地降低要求，减免压力，而未能实现预期的有益于学生学习和发展的教学目标，同样毫无意义。

三、物理高效课堂概述

（一）高效课堂的概念

目前，高效课堂这一理论的具体定义在教学研究界没有统一认识和权威的论述，但是总结一些相关理论论述，它们有一些共性的认识。高效课堂是相对以往传统低效课堂而言的，高效指的是学生课堂学习的效率高，在学生、教师、学校付出的时间、精力、教育资源成本相同情况下，课堂学习能使学生获取最大化的学科素养、思维方法、知识能力和情感态度价值观，达到育人目的。"高效课堂"的引入是时代变革对我们教育的要求，其重要标志是：高效课堂教学在课程内容的选择上要符合学生心理发展规律的科学性、时代要求的适应性以及课程安排的广度与深度。在课程安排上要符合学生综合素质的全面发展要求，也就是说"高效课堂"要做到课堂信息量大，对学生物理思维、思想、方法培养到位，对学生情感、态度、价值观的培育真正渗透到学生的内心深处；在物理课堂教学中，教师引导学生学习、解决问题，让学生成为课堂的主要、重要角色，同时更好地发挥老师对学生学习的引导、帮助以及与学生合作学习的作用，充分体现学生在课堂中的存在感，采用"引导、帮助、合作、自学探究"的学习方式，以学案为教师教学、学生学习的载体。贯彻落实学案导学、教学融合、学为主体、师生互动、举一反三、注重实效的教学理念，在有限的课堂时间内，高效率地完成教学的各种目标。[①]

（二）高效课堂的内涵

高效课堂是在我国新一轮课程改革不断深入的背景下提出符合社会变革和对人才培养要求的课堂教学方式，相比传统课堂模式更具有实效性、适应性和现实意义。高效课堂主要关注课堂中学生对知识的内化量和学生能力培养程度，旨在有限的课堂时间内让学生学习内化更多的知识和培养学生更多的能力。学者在研究高效课堂过程中形成一致的共识，主要体现在下面两个方面：第一，课堂效率最大化，

主要是指学生在课堂有限的时间内，接受的知识量、心理机能的变化、对知识实际运用能力达到最大化，付出相同的时间、精力、物力达到更高的要求；第二，课堂效益最大化，这方面主要是指高效课堂的教学模式对学生方法、情感、态度、价值观、人格、灵魂方面影响最大化。[①]

（三）物理高效课堂

物理高效课堂是针对物理学科教学的特殊性，结合具体教学实际，投入较少教学时间和精力，让学生获得优秀的学习效果、尽可能最大的学习效益和最大的学习效率。课堂上学生以饱满的精神积极主动投入学习中，学生不再觉得学习物理是枯燥无味的，他们对物理学有着稳定的学习动机、强烈的学习兴趣。课堂上学生不再沉默寡言，他们为了共同目标而相互合作、互帮互助，形成组织有序、分工明确的学习小组，时而进行物理知识的科学实验探究，时而进行物理现象问题的讨论，形成和谐高雅的课堂互动场景。课堂上学生不再被动思考，而是积极思考，他们就物理知识进行激烈的讨论和思辨，形成开放的学习情境，对物理知识的学习有充分的自主选择权。

本书对物理高效课堂的定义细化为：

（1）培养对物理学科的学习兴趣。能通过情境的创设激发并保持学生对物理学科的学习兴趣和探索欲望。

（2）注重过程性学习。强调良好的学习氛围，使学生亲身经历和体验知识得出的过程，学会思考和总结。

（3）掌握学习方法。立足于学生的长远发展，使学生学会自主学习、合作学习，具备终身学习的能力。

（4）以培养物理核心素养为目标。基于物理学科核心素养的物理高效课堂具体来说就是在一节物理课中教师通过设计合理的、有效的探究式教学活动，使学生达成物理核心素养所要求的培养目标。

（5）提高课堂效果。掌握物理的基本概念和规律，并能灵活运用，具备解决问题的思维能力，能够在测试中取得良好成绩。

四、构建物理高效课堂的意义

随着课程改革的不断深入，如何构建高效课堂，是我们广大教师所面临的重大课题。课堂是学生获取知识、培养能力的主要场所，是学校教育的主战场，教学质量的高低主要反映在课堂教学效果上。而课堂教学是一个系统工程，要提高课堂的

① 罗海东.关于初中物理高效课堂的探索与实践[J].教育教学论坛，2014（25）：209.

教学效率，必须全面系统考虑影响课堂教学效率的因素，在实现人人学有价值的物理、人人都能获得必需的物理的基础上，达到课堂的最高效率。构建物理高效课堂的意义如下：

（一）有利于提高教学质量

物理是一门基础自然科学，它所研究的是物质的基本结构、相互作用、运动规律等。高中物理课程是一门重要的自然科学基础学科，是形成科学世界观和认识论的重要手段，因此物理课程不仅在知识经济时代具有相当的重要性，同时在社会的发展和人民的生活方面也占有非常重要的地位。而在学校中提高教学效率就意味着教学效益的最大化，它能避免课程资源的浪费和学生自主学习时间减少所带来的负面影响。因此构建高效课堂有利于提高教学质量。

（二）有利于培养学生的科学素养

物理学是一门以实验为基础的自然科学。在高中物理课程中，学生将通过科学探究过程理解科学本质，培养科学探究能力和对科学知识的内在兴趣。通过高中物理课程的学习，学生将逐步掌握一定的科学探究和科学实验的方法和技能，从而提高自身的科学素养。因此构建高效课堂有利于学生更好地掌握知识和技能，从而培养自身的科学素养。

五、物理高效课堂的理论基础

（一）有效教学理论

在现代信息化、快速变革的社会生活中"学习"可谓随时、随处可见，与我们生活息息相关。学习分为"广义学习"和"狭义学习"，在人类生活中获取的一切经验都可广义地称为"学习"，但通常我们说的学习一般特定地指"学校教育学习"。学生在"学校学习"期间不同的教师有着不同的人格魅力，同时使用不同的课堂教育方法、教育模式，在学生身上就会产生不同的影响结果。在学校教育不断地发展变革中，人们都渴求有效的学习，换句话说，学习者希望在有限的时间内能达到更高的学习效果，因此教育学者提出了有效学习理论。

1.有效学习定义和内涵

有效学习主要是指教师通过实施某种教学方式、教学方法，在充分考虑学生心理发展程度和教育教学客观规律的基础上，尽可能地提高学生学习效率，让学生投入更少的精力、时间、物力在心理、知识技能、思维方法上取得同样或较高的发展。同时在课堂中让学生成为学习的中心，充分培养学生创新思维，考虑到我国以

"班级授课制"为主流的教育实际，这里的"教育活动"可以狭义地理解为"课堂教育"，因此，有效课堂可以在某种程度上理解为有效学习。那么怎么样课堂才有效，其核心标准体现在下面三个方面：第一，教学有效果。指课堂教学活动达到国家课程标准规定的对某一阶段学生教育教学的基本目标。第二，有效率。指在教学过程中收获与付出比例尽量最小化。第三，有效益。指按教学目标进行的教学活动所产生效果要符合当代社会对人才的要求和需求。

（1）有效教学应促进学生发展，多元化评价

教学的根本是促进学生全面可持续发展，因此有效教学应关注学生的发展，利用学生的前认知进行教学，比如在课前导入引入学生熟悉的图片和实验现象，帮助学生理解新知识，多元化评价的意思是，课堂对学生的评价应多方面、多方式、多人进行，不只有老师对学生的评价，还有学生对学生的评价；不只定量评价，还有定性评价；不仅评价知识，还有评价过程方法、情感培养。

（2）有效教学应进行课堂互动

课堂是学生和老师共同作用的，课堂离不开这两个角色，因此设计的教学活动要注意设置学生讨论、操作、展示环节，学生不仅要回答老师的问题，还要自己进行探究，自己操作思考，体现学生的主体性地位。

（3）有效教学应注意三维目标的和谐达成

皮连生说，有效教学的教学目标是多维的教学目标，不仅要注意知识与技能的培养，还有过程与方法、情感态度价值观，侧重哪一点都不行，所以，有效教学应以和谐达成三维目标为目的，设置情感，过程培养的教学环节，注重学生的技能培养，学生的方法培养，比如在"弹力"一节中，利用实验，让学生体会"微观放大"的物理方法，同时通过自己实验探究，得出弹力与形变量成正比的结论，三维目标和谐达成。

（4）有效教学应建立生态型有效机制

杨勤提出有效教学应建立生态型有效机制。什么是生态型有效机制？就是利用生态资源，同时满足生态特点，持续，平衡，具有效能感，行之有效。因此有效教学应注意引入本土自然资源，比如在"弹力"一节引入环节教具使用生活中常见的馒头、橡皮筋、牛奶瓶等，满足可持续发展。效能感则是在应用你的教学活动或教学资源时，应使其行之有效，不设置无意义活动。同时，有效教学应注意教学平衡，即关注学生的个体差异，因人而异，因材施教。

（5）有效教学体现学生能动性

有效教学就是应使学生从"被动学习"变为"能动学习"。什么是能动学习？

就是让学生自主学习。因此在教学中，应注意引起学生的兴趣，使学生能动学习，主要的方法一般是设置有趣的教学活动，讲故事，演示实验，视频播放等，当然，除了教学活动的利用可以激发学生的兴趣之外，老师的言语诙谐幽默，老师设置的问题具有引导性和有趣性，也可激发学生的能动性。

（6）有效教学应达到"五度"

所谓"五度"，即：①深度：教学的内容应有深度，不要停留在很浅显的地方，也就是说不仅仅要教教材知识，还要涉及生活，要进行知识拓展；②广度：注意学科渗透，不仅仅是包含物理知识，还应涉及其他科目的知识；③温度：课堂是老师与学生互动的地方，因此教学应有温度，加入人文关怀机制，多鼓励学生；④力度：有效教学应有张力，是能应对任何变化的，同时，又是具有活力的，生机勃勃的；⑤高度：不仅学习课程知识，还涉及情感培养、爱国情怀、科学探究精神，核心素养的培养。

有效教学理论使学生从生活自然走向课堂，从课堂走向社会，达到一定的高度，有效教学是人文关怀的教学，学科渗透，师生互动，激发学生的兴趣，和谐达成三维目标，培养学生的核心素养，具有效能感，培养完整的人，提高了课堂的效率，效益，效果。鉴于此，"有效教学理论"为"构建物理高效课堂"提供理论支撑。

2.有效学习理论在高效课堂建构中的作用

学生的课堂学习效果评价虽然标准很多，方法也很多，但是我们教育教学最主要的目的是怎么样让学生发展得更好，发展得更科学，所以衡量教学有效性最重要的一个指标是通过教学活动学生是否得到了进步或发展，以及进步或发展的程度。有效教学的评价标准是学生的实际发展，而不是老师的课堂表现好坏。有效教学理论使以"教师为中心"的传统教学模式转为以"学生为中心"现代化教学模式，真正地关注学生的发展。一堂课老师讲得很精彩，而学生各方面没有得到充分进步和发展，这堂课也是低效的。如果一堂课以学生为中心，关注学生实际发展，就会驱使老师去改变自己的课堂模式，提高学生在课堂中的参与度，使学生在课堂学习中得到实际发展更多，提高了课堂效率。

（二）"支架式教学"模式理论

"支架式教学"模式是基于建构主义学习理论的基础针对教师的作用提出的一种比较形象、具体的教学方式。它对老师在课堂教学中的作用进行精确、具体的定位，教师在课堂中为学生搭建支架，让学生自己去学习、探索，促进和培养了学生自主合作探究的自主学习能力与程度，培养学生独立思考解决问题和创新能力。①它与"建构主义"有着相似的方面，它将有助于广大教育工作者提高课堂教学效率，改进教育教学方式，促进我国课程和教育改革的实施。

1."支架式教学"模式的内涵和步骤

"支架"本来是在建筑物进行建设的过程中用来帮助建筑材料成型的一种工具，等建筑材料成型牢固之后撤去。在这里形象地用来比喻教学，显而易见，在教学中把教师的"教"比喻为支架，而学生在这里看成建筑物，在学生最近发展区内，经过"支架"（老师）的帮助，学生形成能力之后再撤去"支架"。罗森赛恩认为"支架式教学"是教师或更有能力的同伴为帮助学生解决独自不能解决的问题。②"支架式教学"重新定义老师和学生的关系，学生在老师的帮助下，不断地完善自己这座大厦，体现了"以学生为主体，以老师为平台"的新课程理念。

"支架式教学"的实施基本步骤为教师搭建支架、课堂进入教学情境、学生独立探索、学生之间协作学习、教师对学生学习效果评价五个环节构成。具体含义：①搭建支架。在此过程中教师是主角，教师进行教学设计、学案编写为学生的架设支架，建设发展平台，引导学生激发、发展自身能力。②进入情境。教师根据自己的教学设计，引导学生进入教学环节，使学生通过教学情景，顺利地进入为他们铺好的支架。③独立探索。教师为学生解决问题提供必要方法和原理解释后，在教师引导帮助下让学生自己去探索、解决问题。④协作学习。在学生自主解决问题时，组织学生进行小组讨论，同学之间进行思想交流。⑤效果评价。教师根据现实条件，对学生自己探索的过程进行检查、修正，学生根据教师正确结论对自己的评价，从中吸取思想、方法。

2."支架式教学"模式理论在高效课堂建设中的作用

"支架式教学"模式是基于建构主义学习理论的基础上提出的一种具体的教学模式，支架式教学充分发挥学生的积极性、主动性、创造性，逐步完成对所学知识的建构和能力的提升③，其思想精髓在于教师在学生最近发展区内，提供为学生学习帮助的支架，最终使学生在自己学习的过程中得到发展。"支架式"教学模式在课堂中明确规定了老师的任务是在课堂教学过程中为学生搭建支架，即设计课堂教学活动，使学生深度地融入课堂活动，提升学生学习主动性与兴趣，即"授人以欲"，同时也加强学生对知识的深度内化，也为教师怎样进行高效的课堂设计提供

① 高稳.支架式教学模式研究[J].校长阅刊，2005（12）：30
② 朱琳琳.关于支架式教学基本问题的探讨[J].教育导刊，2004（4）：4-5
③ 王舐红.支架式教学模式下高一物理课堂设计与实践[D].上海：上海师范大学，2011：3

重要参考。鉴于此，"支架式教学"理论为高效课堂构建提供理论支撑。

（三）信息加工学习理论

一些美国科学家认为，人类的学习和认知过程可以看作是对学习内容（信息）的加工。一些计算机程序可以用来描述生物体内信息的获取和存储过程。生物体内信息的处理可分为四个阶段：注意刺激、信息编码、信息存储和信息提取。

在进行教学设计时，注意刺激对学生的影响，加强有效刺激，减少无关刺激，使学生能够专注于学习。在信息编码阶段，教学活动中的短时记忆能力有限，不能盲目要求学生在短时间内掌握过多的信息，而应适当降低学习难度，减少学习任务，控制这些任务对学生的负担，为学生留下足够的思考和处理的空间，从而有效地提高学习效果。对信息的有效编码代表学生对知识的有效理解，也更容易将信息存储，进而在应用时能够有效检索。在信息存储阶段，通过不断巩固和复习，让长期记忆中的信息基本上保持在一个稳定的水平。在信息提取阶段，教师不仅要通过创设问题情境和各种有效的策略，有效地刺激学生提取信息，还要让学生学会应用思维导图等为自己提供记忆线索。

信息加工理论揭示了学生注意、习得和记忆的内在过程，有助于教师在具体的教学过程中提高学生的学习效果，同时也有助于教师引导学生在具体的学习过程中更有效地获取知识，在建设高效课堂的过程中提出有益的建议。

（四）教学过程最优化理论

苏联巴班斯基提出了教学过程最优化理论。教学过程最优化理论是以辩证唯物主义为指导思想，运用现代系统论的原则和方法，对教学过程进行综合性研究和探索的一种教学理论。根据巴班斯基的教学过程最优化理论，物理教师在课前应当分析各种教学因素，包括课程教学大纲、考试考纲、学生学情、教材内容，甚至是学校里的硬件设备如实验室器材、教室多媒体设备等，然后设计出一种符合本校校情、本校学生和本人教学风格的科学教学方案，确保课堂教学效果达到最优。教学过程最优化理论为物理高效课堂的构建奠定了理论基础。教学过程最优化理论也是用效果和时间两个标准来检验教学结果，追求"高效优质"的最优化方案设计，这也是"高效课堂"所追求的高效的实质所在。

（五）学习动机理论

1.学习动机理论概述

学习动机理论是教育心理学的重要组成部分，它关注的是个体为何愿意学习，以及如何激发和维持这种学习动力。学习动机理论主要关注的是学生的内在和外在驱动力，以及如何将这些驱动力整合到学习过程中，以实现最佳的学习效果。

2.学习动机理论在物理高效课堂构建中的作用

（1）激发学生的学习热情。学习动机理论强调了学生的学习热情在提高学习效果中的重要性。通过理解和激发学生的学习动机，教师可以帮助学生建立对物理学科的兴趣，进而提高他们的学习热情。

（2）提升学生的学习主动性。学习动机理论强调了学生在学习过程中的主动性。通过了解学生的需求和兴趣，教师可以设计出适合他们的教学策略，进而增强他们的学习主动性。

（3）提高学生的学业成绩。通过激发和维持学生的学习热情，学习动机理论可以显著提高学生的学习成绩。研究显示，具有高学习动机的学生通常能取得更好的学业成绩。

（4）培养终身学习习惯。学习动机理论不仅关注学生在学校环境中的学习，也关注他们在未来生活中的学习能力。通过培养学生的学习动机，教师可以帮助他们建立终身学习的习惯。

总的来说，学习动机理论为物理高效课堂的构建提供了理论基础。通过理解和应用这一理论，教师可以更好地激发和维持学生的学习热情，进而提高他们的学习效果。这不仅有助于学生在学校中的表现，也有助于他们未来的职业发展。

（六）学习迁移理论

1.学习迁移理论概述

学习迁移理论是一种心理学理论，它关注的是一种现象，即学习活动对另一种学习活动的影响。当一个人在一个情境中获得知识或技能后，这种知识或技能被应用到另一个情境时，我们就称其为迁移。

在学习迁移理论中，最著名的是美国心理学家爱伦的研究，他认为在学习新的学习任务时，学习者必须先在先前的学习中掌握适当的概念和规则，然后通过应用这些概念和规则来解决问题。此外，爱伦还提出了三个关键因素，即先前的学习经验、情感和知识水平，这些因素对迁移有重要影响。

2.学习迁移理论在物理高效课堂构建中的作用

（1）促进知识的整合与运用。学习迁移理论强调学习者对先前学习内容的理解和应用。在物理高效课堂中，教师可以通过有效的教学策略，帮助学生将新学的物理知识整合到已有的知识体系中，从而更好地理解和应用这些知识。

（2）提高学生的学习能力。学习迁移理论鼓励学生在面对新的学习任务时，能够运用已有的知识和技能。在物理高效课堂中，教师可以通过培养学生的问题解决能力、批判性思维和创新能力等，帮助学生提高他们的学习能力。

（3）增强学生的学习动力。当学生看到他们所学到的知识可以在新的情境中得到应用时，他们会感到更有动力去学习。学习迁移理论可以帮助教师设计出有趣且具有挑战性的教学活动，从而激发学生的学习兴趣和动力。

（4）提升学生的综合素质。通过在物理高效课堂中应用学习迁移理论，学生不仅可以在物理学科上得到提高，还可以在其他学科和日常生活中应用这些技能。这有助于提高学生的综合素质，增强他们的自信心和解决问题的能力。

总的来说，学习迁移理论为物理高效课堂的构建提供了坚实的理论基础。通过理解和应用这一理论，教师可以更好地设计教学策略，促进学生的学习迁移，从而提高学生的学习效果和综合素质。

第二节　物理高效课堂的特征

物理课堂是否有效要从教学的"效果、效用、效率"三个维度来看，其落脚点是学生的学习结果，结果就是要看学生是否得到全面地发展。学生的发展是衡量有效教学的唯一标准，是打造高效课堂的出发点和基础。所以，物理课堂中要想方设法调动学生的主动性和独立性，激发学生的学习动机和兴趣，要对教学的主体、价值、过程进行全新思索。教师以学生为中心进行教学指导，重在引导，使学生达到"自奋其力，自致其知"。

一、主动性和启发性

（一）主动性

高效物理课堂应该是学生积极主动建构物理知识的课堂，而不是"要我学"的课堂。学生是自由的，是被解放的，有高度的自主权，充分显示出学生的主动性。学生在教学活动中对物理知识有强烈的学习兴趣，较高的求知欲望和稳定的学习动机。课堂中学生应表现出有良好的状态：情绪状态表现为对物理知识有浓厚的兴趣、强烈的好奇心和求知欲并能进行自我调节控制；学习中进行积极有深度、广度的思考、表达、讨论、交流、生成等参与状态；课堂交往中有着民主、愉快、宽松、和谐气氛，流畅而有条理的思维状态，学生能体验到物理知识的获取是一种享受。课堂学习中学生具有强烈的学习责任感，认识到物理学习目标和意义，认识到自己的时代使命感。通过对物理科学知识的学习，全面提升自己的科学素养，掌握科学文化知识，将来更好地服务社会，报效祖国。

（二）启发性

高效物理课堂要求物理教师根据学科特点，在教学中启发学生。课堂上以学生为中心，精心设计各种教学活动来启发学生，引领学生进行创造性地思索、探究，进行知识的内化。如进行"动能定理"规律教学时，可以设计实验进行探究，可以利用视频播放力做功引起动能改变的例子进行启发，也可用图片展示相关素材引发学生的好奇心，还可制作生活学习中有关动能转化案例的动画吸引学生眼球，激发其求知欲，等等。

二、独立性和针对性

（一）独立性

在物理高效课堂中，独立性是一个重要的特征。学生们需要独立思考、独立解决问题，通过自己的努力去理解并掌握物理知识。这样的教学方式有助于培养学生的独立思考能力和自主学习能力。

首先，学生们需要有机会自己探索物理现象，理解物理原理，而不是被动地接受知识。他们需要有机会自己动手做实验，观察实验结果，从而理解物理规律。这样的过程有助于学生形成自己的物理观念，加深对物理知识的理解。

其次，学生们需要有机会表达自己的想法和疑问。在高效课堂中，教师应当鼓励学生提问，表达自己的观点和疑问。这样的互动过程有助于学生形成自己的思维模式，提高解决问题的能力。

（二）针对性

物理高效课堂的另一个重要特征是针对性。这里的针对性有两层含义：一是教学内容的针对性，二是教学对象的针对性。

首先，教学内容的针对性体现在教师需要根据学生的实际情况和教学目标，选择合适的教学内容和方法。教师需要考虑到学生的知识基础、理解能力、兴趣爱好等多方面的因素，从而制定出合适的教学计划。

其次，教学对象的针对性也体现在教师需要关注每一个学生的学习情况，根据每个学生的特点进行个别化的教学。教师需要关注学生的学习进度，及时调整教学策略，确保每个学生都能跟上教学进度，掌握物理知识。

总而言之，独立性强调学生的独立思考和自主学习能力，针对性则体现在教学内容和教学对象的个性化上。这两个特征相互配合，可以帮助学生更好地理解和掌握物理知识，提高教学效果。

三、发展性和目标性

（一）发展性

高效物理课堂应该体现学生的发展性和教学的目的性。学生的发展应该是全方位的，是综合素质的提升，各项能力的发展。

（二）目标性

高效物理课堂的目标性就是要立足于学生的发展。目标就是导向，教师在课堂上引领学生进步和发展。教师在进行教学设计时，要结合具体物理知识的特征，把学生的全面成长作为出发点进行设计。物理知识的获取只是目的之一，学生各项能力的培养也是教学目的，必须进行设计，也要进行落实。尤其是学生的情感态度价值目标一定要在教学中进行培养，让学生在物理知识的习得中养成良好的认知态度。所以物理高效课堂的目标就是学生在课堂的各种变化与进步，特别是思维品质的发展与变化。

四、真实性与反思性

（一）真实性

高效的物理课堂不会是完美的，但它应该是重实效、重实质的课堂，具有真实性。十全十美的课是不存在的，因为教学是一项复杂交流活动，课堂活动中的主角是学生。一个班级是由不同个体的学生构成，每一个学生都有着不同的个性特征。课堂上每一位同学都能得到发展，不求发展程度都一样；课堂上每一位同学都得到关注，学有所获，不求收获一样；课堂上学生的各种能力都得到提升，不求一步到位。

（二）反思性

高效物理课堂应该是朴实的，而不是华而不实的。它追求课堂的本真，是"简简单单教学科，本本分分为学生，扎扎实实求发展"的课。[1]我国著名学者叶澜也认为"扎实、充实、丰实、平实、真实"的课才是一节好课。高效课堂也应该是有待完善的，可以升华的，具有反思性。我们在追求高效课堂的过程中，要不断进行反思。要认真分析，仔细猜摸课堂中的得与失：课的效果怎么样？出现了什么问题？是理念问题，还是设计问题？是教学方法问题，还是对学生学情分析问题？……只有不断地反思教学，才能实现课堂的高效化。

---

① 余文森.有效教学的实践与反思[M].西安：陕西师范大学出版总社有限公司，2011：15-30.

五、自主性与互动性

（一）自主性

在高效课堂中，学生不再是被动接受知识，而是主动参与，积极探索，通过自我驱动、自我探索、自我实践，实现知识的内化和能力的提升。自主性体现在以下几个方面：

（1）主动学习。学生不再是被动接受教师传授的知识，而是主动寻求知识，积极探索物理现象和原理，通过自己的思考和实践，形成对物理知识的理解和掌握。

（2）自我规划。学生能够根据自己的学习情况和兴趣，制定适合自己的学习计划，合理安排学习时间和精力，实现学习的高效和有效。

（3）自我评价。学生能够对自己的学习成果进行自我评价，及时发现问题，调整学习策略，提升学习效果。

（二）互动性

高效的课堂教学不仅是知识的传递，更是师生之间、生生之间的互动和交流。互动性体现在以下几个方面：

（1）讨论式学习。教师通过组织讨论，引导学生对物理现象和原理进行深入思考，发表自己的观点和见解，实现知识的交流和共享。

（2）合作式学习。学生可以通过小组合作，共同探究物理问题，相互学习和帮助，提高学习效率和团队合作能力。

（3）实践性学习。教师可以通过实验、制作等实践性活动，引导学生亲身体验物理现象和原理，加深对知识的理解和掌握。

总之，自主性和互动性是物理高效课堂的两大核心特征。通过培养学生的自主性和互动性，可以激发学生的学习兴趣和积极性，提高学生的学习效率和效果，实现物理教学的有效性和高效性。

六、生成性与开放性

（一）生成性

物理高效课堂具有生成性，这是其最显著的特征之一。生成性指的是课堂上的教学活动不是预设的，而是根据实际情况进行动态生成的。这种生成性不仅体现在教学内容上，还体现在教学方式和教学评价上。在物理高效课堂中，教师会根据学生的实际情况和需求，灵活调整教学计划和方式，以更好地满足学生的学习需求。同时，教师也会根据学生的学习表现和反馈，及时调整教学评价方式，以更好地促进学生的学习进步。

（二）开放性

物理高效课堂具有开放性，这是其另一个显著的特征。开放性指的是课堂上的教学内容、教学方式和教学环境都是开放的，没有固定的标准和限制。在物理高效课堂中，教师会鼓励学生积极思考、探索和实践，引导学生自主探究物理现象和规律，让学生成为学习的主体。同时，教师也会鼓励学生交流合作，共同探究问题，培养学生的合作意识和能力。此外，物理高效课堂还会营造一个开放、宽松、和谐的学习环境，让学生感到安全、舒适、自由，从而更好地发挥自己的潜能和创造力。

总之，"高效课堂"并不仅仅意味着高效率，也并不仅仅意味着在有限时间内完成了更多内容的讲授。它更关注的是教育教学的内涵和品质。它要求教师把教学过程最优化作为目标，把激发学生的学习动机和兴趣作为重要任务；它要求教师从学生的身心发展规律出发，运用教学理论指导课堂教学模式；它要求教师不断探索教育教学规律，改进教学方法；它要求教师把培养学生的创新精神和实践能力作为核心目标来追求。

第三节　物理高效课堂的参考指标

笔者将"点""量""度""法""情"，作为评判物理课堂教学效率的一级指标。在这五个维度层面上，做出如下简要分析：

一、点

"点"这一维度，主要包括课堂教学的知识点、能力点等方面。一节"高效"的课堂，应该在"知识与技能"层面保证学生掌握足够的知识点，培养相应能力。这并非传统教学模式的复制，而是对传统课堂中重视学生知识基础培养的"精华"部分的延续和继承。物理是一门严谨、严密的科学，虽然近几年新课改理念一直强调课堂的生动性和趣味性，但没有扎实的知识基础和知识结构，就没有合格的课堂，再谈物理课堂的"有效性"和"高效性"就成了妄言。

"点"这个维度主要分为以下几部分：

（一）知识点覆盖和选取

知识点就是在教学中，承载、传递教学内容信息的最基本单位，包括概念、定义、定理等。在上课之前，教师应对学生的知识结构和前概念有足够的了解，并在此前提和基础上，合理选取本节课要求学生掌握的知识点。这些知识点应既符合课程标准的要求，又符合学生的具体实际。

（二）学生对知识点的掌握

学生对知识点的掌握是衡量教学效率的基本指标。一个班级中，尽管学生的基础和能力各不相同，但对于《普通高中物理课程标准》要求的知识点相应的教学目标，应保证绝大多数学生都能够达到。

（三）教师突出教学的重点，学生明确学习的重点

《普通高中物理课程标准》中对于"知识技能目标"提出了"了解""认识""应用"等不同层次的要求。一堂物理课中，所有环节都应精心设计，但并不是所有的知识点的教学都需要"均衡用力"，面面俱到，这样会影响课堂的深度，影响高效目标的达成。课堂教学资源应重点分配给本节课的重、难点知识。对于学生个体来说，知识结构和基础各有差异，同样的知识点，不同学生掌握情况不同，课堂中并不是所有时间段都需要他们注意力高度集中、投入最大精力。但是，在实践中，很多学生自己并不清楚学习的重、难点是什么，有的教师自己上课也没有重点，常常是上节课讲到哪里，下节课接着讲。学生课业负担较为繁重，了解一堂课的重、难点，知道课堂中注意力和精力该如何科学地分配，可以有效地提高课堂教学效率。

（四）学生掌握学习的重点、攻克学习的难点

学生对本节课知识重难点的掌握情况是衡量一节课教学质量的重要指标。物理概念抽象、解题方法灵活复杂、对应用数学知识解决问题要求较高，大部分学生在学习中都会经常遇到难点，这些难点会在课堂教学中集中表现出来。鉴于此，教师在课堂中应该采用各种恰当的教学手段，创设物理情境，有效地帮助学生攻克学习难点。

（五）对学生进行各项能力点的训练

物理对学生能力要求主要有：观察、实验能力，物理想象能力，物理思维能力，物理运算能力、运用物理知识和方法的能力等，课堂是教学的主阵地，在课堂中对学生进行各项能力的培养和训练情况应是检验其高效性的重要指标。

二、量

"量"这一维度，是对"点"维度各个部分的量化。例如一节课中教学内容的传授量、对学生能力的训练量、学生的活动量等方面。

"量"这个维度具体由以下几方面组成：

（一）教学内容的传授量

高效物理课堂中，一堂课教学内容的传授量并非越大越好，而应该是信息量充实、内容"适量"，能被绝大多数学生消化和吸收为宜。

（二）习题或问题训练量

高效课堂应该避免传统课堂过于注重解题训练的缺点，但是对物理学科来说，一定量的习题训练必不可少。同时，在现行高考评价制度中，对于解题能力依然是主要的考察方式。《普通高中物理课程标准》指出："一个好的习题，就是一个科学问题。在设计练习和习题时，应多选择有实际科技背景或以真实物理现象为依据的问题……"物理课堂中，应该优化"习题"或"问题"的选择，根据具体教学内容合理安排习题的训练量，使得绝大多数学生能够掌握解决问题的方法。

（三）实验动手操作量

物理学科以实验为基础，《普通高中物理课程标准》中明确提出："掌握物理实验的一些基本技能，会使用基本的实验仪器，能独立完成一些物理实验。"此外，物理概念和规律是建立在实验基础之上的，没有在实验中动手操作的经历和体验，往往难以对物理概念和规律有深入的理解和领悟。课堂中应该对学生进行一定实验基本技能的训练，无论是分组实验还是演示实验都应让学生动手实践和参与探究，并且在不同类型（概念课、规律课等）的课堂中，选择合适的动手操作量。

（四）对学生物理观察能力的训练量

高效物理课堂，对学生物理观察能力训练量的合理安排必不可少。物理学科实践性较强，观察能力是物理课堂学习过程中重要的能力之一，其在学生的认知能力中占有十分重要的地位，学生观察的目的性、条理性、理解性和准确性常常决定了他获取信息和知识的多少。课堂中学生观察能力的高低常常影响教学效率的高低。鉴于此，在课堂中通过合适的方法和手段、安排合适的训练量，是提高物理课堂教学效率的重要途径。

（五）对学生物理想象能力的训练量

想象力是人在已有表象基础上，在头脑中创造出新形象的能力。爱因斯坦曾说：想象力比知识更为重要，知识是有限的，而想象力推动着进步，是知识进化的源泉。物理学科的学习离不开想象能力的培养。《普通高中物理课程标准》要求："学生应在经历科学探究的过程中，领悟物理学研究的思想与方法。"教师应抓住课堂教学的机会，有意识地培养学生的想象能力，同时根据具体教学内容安排合适的训练量。

（六）对学生物理思维能力的训练量

物理思维是一种基本的科学思维，它是对物理对象、物理过程、物理现象、物理事实等本质属性、内部规律的间接、概括和能动的反映。高效课堂注重学生诸方面能力的培养，而思维能力的培养是其核心所在。教师在教学中是否注重对学生思维能力的培养，是否做到多运用启发的方法，加强对学生各种思维能力的培养和训练，以及能否根据具体教学内容安排合适的训练量，应当成为课堂教学是否高效的重要标准之一。

（七）对学生物理知识与科学方法运用能力的训练量

《普通高中物理课程标准》要求，要在物理学习中使学生经历探究的过程，思维受到科学方法的训练，并且能使学生在平常的学习、生活中掌握和运用科学方法。"过程与方法"在物理课堂教学中应得到高效的实施。

三、度

"度"是指对"点"和"量"在程度和时间上的调控。从"度"的维度，主要考量以下几方面内容：

（一）教学难易度

教学难易程度影响着学生对知识的接受情况。耶克斯-多德森定律告诉我们，从事比较容易的学习，动机强度的最佳水平点会较高；从事比较困难的学习，动机强度的最佳水平会较低。新课改要求避免教学内容繁难偏旧。鉴于此，让课堂更"高效"并不是教学内容难度越大越好，选择和组织符合学生的学习规律、难度适宜的内容，制定让绝大多数学生通过努力能达到的教学目标，既有一定挑战性，让学生"跳一跳"才能"够得到"，又不至于难度过大，而超出课堂中大部分学生的能力之外。这样才有益于提高整体课堂的教学效果。

（二）教学速度、进度

教学速度、进度也是评价课堂效率的重要标准。教学速度、进度应适合班级学生的实际，有效运用差异化教学，要既能让全体学生"跟上"，又能使尖子生"吃饱"。

（三）课堂互动度

分为师生互动和生生互动两部分，高效课堂中，教师应该善于提问、启迪思维、广泛互动、评价贴切，鼓励学生大胆对老师的教学质疑。教师和学生应在平等的基础上积极互动，教学相长，互相碰撞思维的灵感、激发智慧的火花。课堂互动度高低既能体现学生发挥主体地位的程度，也是评判一堂物理课对学生情感态度价值培养的重要标准。

（四）学生课堂主体参与度

课堂主体参与程度直接体现课堂教学效率的高低，学生主体参与程度不高的课堂，必然是低效的。

四、法

"法"这个维度包括教师主导课堂、达成教学目标的手段和方法。具体由以下几方面组成：

（一）运用合适的教学方法进行教学

从"法"维度出发首先涉及的是教学方法，它是教师和学生为了实现教学目标、完成教学任务，在教学过程中运用的方法和手段。具体的教学方法有多种，在课堂中，应根据不同的教学内容和学生的实际情况等，灵活优选不同的教学方法；合适的教学法可以促进学生知识的吸收，提高课堂教学的有效性。

（二）教法生动、趣味性强，激发学生兴趣得法

根据学生的心理和年龄特点，生动和有趣的课堂会更吸引学生的注意力，激发学习兴趣。故课堂中教学方法的生动性和趣味性也是评价教学有效的标准之一。

（三）教学组织与管理得法

课堂的组织管理是课堂教学的重要一环，班级授课制下的课堂教学管理更讲究一定的方法和艺术。如何对教学资源进行合理的使用和调配，如何对教学活动进行规范的安排和掌控，必然会影响课堂教学质量和效率。

（四）启发学生得法

教学具有启发性是课堂中落实学生主体地位的重要体现。教学不"全盘托出"，给学生独立思考留有空间和余地，便于引导学生积极探索，调动学生的主动性，使其自主地学习和掌握科学知识，提高分析和解决问题的能力。这一点也体现了新课改理念的要求。

（五）对学生物理科学方法教育得法

科学方法是人类在实践活动中运用的正确方法，是所有认识方法中更为先进复杂的方法，掌握正确科学的方法，有助于培养学生的认知能力，关系到课堂效率的高低。

（六）学生预习得法

一节完整的高效课堂，仅局限于课堂层面是不全面的，还应包括学生课前预习、准备情况和课后的复习、巩固情况。古人云"凡事预则立，不预则废"。学生已有的知识准备和前概念，成为课堂知识习得情况的前提和基础。一堂物理高效课堂，离不开课前学生对教学内容的适量准备。良好的预习有利于提高学生的课堂主体参与程度，降低课堂学习的难度，掌握课堂主动权。预习方式不仅可以预习书本，还可以通过增加在生活中的体验、利用现代网络对知识进行搜索等方式进行。

（七）学生复习得法

除了特殊事物外，人类大脑对习得的新事物不可避免会产生遗忘的现象。鉴于此，课后的复习就显得尤为重要。艾宾浩斯遗忘曲线告诉我们，复习应该注意及时性，合适的复习时间和方法有利于巩固和深化课堂学习效果，也有利于培养学生自我管理能力。

（八）评价得法

教学过程中，教师对学生的评价是重要的环节。包括学业成绩、情感态度、能力素质等方面。课堂教学中，教师应注意评价的方法，把握好时间和情境，使用合适的语言，力求全面、公正、客观。评价得法，会提高课堂教学的有效性；反之，则会降低教学效率。

（九）课堂总结得法

课堂总结和反思是课堂教学的最后环节，总结、反思的方法得当，能得出有用的结果，会起到画龙点睛的作用，是物理高效课堂建构的重要环节。

五、情

"情"包括师生在课堂中的情感投入和情感体验等，分为以下几个方面：

（一）课堂教师情感投入

教师在课堂教学中的情绪和情感投入对学生有着重要影响，友善宽容的态度会降低学生学习的紧张感，有利于课堂教学，同时，师生关系对学生课堂学习心理也有重要的影响，而师生关系中，教师具有主导作用。

（二）课堂体现学科魅力

《普通高中物理课程标准》提出，要让学生"能领略自然界的奇妙与和谐，发展对科学的好奇心与求知欲，乐于探究自然界的奥秘，能体验探索自然规律的艰辛与喜悦。"在课堂教学中，教师应有一定的学科自信，积极引导学生明了学科的价值与魅力，培养学生对物理美的欣赏和体验，激发学习兴趣，陶冶情操，培养学生的科学素养。

（三）课堂中学生情感体验

新课改尤其突出强调课堂中学生的情感体验，关乎课堂教学效率，也关系到学生的身心发展、人格的健康成长。

（四）对学生非智力因素的调动和培养

学生处在一个特殊的年龄阶段，个性、心理发展渐渐趋向稳定，既比较成熟又相对幼稚，既有自主性又容易迷茫，既有独立性又易于叛逆。另外，当代学生价值观还普遍受到当今社会环境中的拜金主义、享乐主义的冲击和影响，对物质层面的敏感度高于精神层面。这就要求在物理课堂中，教师应该更加注重对学生非智力因素的调动和培养，利用物理学科的课堂教学，培养学生的品德修养、高尚的兴趣、意志力、承受力、勇气、良好的性格特征等。

第四节　物理高效课堂评价的思考

在当今的教育环境中，物理学科的重要性不言而喻。它不仅是我们理解自然世界的基础，也是许多理工科专业的基础课程。然而，物理课程往往因其抽象性和复杂性而让学生感到困扰。因此，构建高效的物理课堂，提高学生的学习效果，就显得尤为重要。本节将围绕物理高效课堂的评价展开讨论。

一、物理高效课堂的评价标准

（一）科学的教学理念

科学的教学理念是构建高效课堂的前提。首先，教师必须转变传统的"师道尊严"的理念，树立民主、平等、开放的教学观。教师应认识到每个学生都有潜在的优秀潜能，坚信每个学生都是可以成才的，要相信学生、理解学生、尊重学生，真正把课堂还给学生，课堂上要鼓励学生敢于发表自己的见解，即使有时学生的见解是错误的，教师也要耐心引导，留给他们改正的时间。同时，课堂上教师要把教材和现实生活有机结合起来，鼓励学生自主探究，让学生感受物理来源于生活又应用于生活，让学生感到物理就在身边。其次，教师必须树立学生是课堂的主人的思想，在备课时，既要备教材，又要备学生。

（二）明确的教学目标

明确的教学目标是高效课堂的基石。教师在备课时要根据教材内容、课标要求以及学生实际制定出明确的教学目标。教学目标既要注重基础知识的传授，又要注重基本技能的训练，同时还要注重学生能力的培养和提高。只有明确具体的教学目标，课堂教学才能有的放矢。

（三）合理的教学过程

合理的教学过程是构建高效课堂的保证。在教学过程中教师要积极引导学生主动学习、主动探究。同时教师还要营造一种生动活泼的学习气氛，这是激发学生兴趣的重要因素。教师首先要以生动鲜活的例子激起学生的兴趣；其次，课堂上教师语言要风趣、幽默；最后，通过设置一些新颖别致富有探索性的问题来引导学生。只有这样才能激发学生的学习动机，使学生产生求知欲，把"要我学"变成"我要学"。另外，教学过程还要体现学生的主体地位和教师的主导作用相结合的原则。教师要根据教学内容和学生实际采用灵活多变的教学方法因材施教，适时点拨，给学生留有充分的思考空间。同时还要及时地对学生给予评价和反馈矫正，以保证学生达到最终的教学目标。

（四）实用的教学手法

实用的教学手法是构建高效课堂的手段。在课堂上教师应运用多种手段激发学生兴趣、启迪学生思维、引导学生反思和拓展。如在课堂导入时可采用实物、实验、故事、问题等形式；在讲授重点、难点时可利用启发式谈话或师生对话的方式；在知识应用上教师可采用练习法、实验法等手段。同时教师还要充分利用多媒体教学技术辅助物理教学，因为多媒体技术可以直观地模拟物理实验、展示抽象的物理概念和复杂的物理过程，这样既能吸引学生的注意力又能激发学生的学习兴趣。

（五）良好的师生关系

良好的师生关系是高效课堂的催化剂。建立新型的师生关系是当前教育改革的一项重要任务。罗杰斯说过："有利于创造活动的一般条件是心理的安全和自由。"要使学生积极主动地探求知识，无拘无束地展开讨论，必须建立起民主、平等、和谐、亲密的师生关系，让学生在平等、尊重、理解和信任中提高学习兴趣和热情。

（六）恰当的教学效果

恰当的教学效果是衡量高效课堂的重要标准。一是学生对基本知识的掌握程度。基础知识是指教材中的基本概念、基本技能、基本原理等。对基础知识的理解要透彻并牢固掌握其内涵及外延；二是基本技能和能力的形成程度。教师应注重学生对基本技能的训练和能力的培养以提高其解题能力；三是教学效果的最优化程度。即从学生的实际出发全面提高全体学生的素质和教学的整体效益；四是教学过程中的"亮点"程度即师生是否产生共鸣，学生的潜能是否得到充分的展示。如果一堂课达到了以上标准就可称之为高效课堂。

总之构建物理高效课堂是一项复杂的系统工程，需要教师做好充分的准备和不断探索创新的过程。只要我们认真研究物理学科的特点和学生的实际情况就能找出适合自己学生的教学模式达到事半功倍的效果。

二、从教师角度评价高效课堂

（一）目标设计要具有合理性

教学目标是课堂教学的核心，它决定了教学内容、教学方法和教学评价。因此，物理高效课堂的目标设计必须具有合理性。首先，教学目标应该符合课程标准和学生的实际情况，既不能过于简单也不能过于复杂。其次，教学目标应该具有层次性，针对不同层次的学生制定不同的教学目标，使每个学生都能在课堂中得到发展。

（二）课堂提问要具有启发性

课堂提问是教师引导学生思考、激发学生兴趣的重要手段。在物理高效课堂中，课堂提问应该具有启发性。首先，问题应该具有思考价值，能够引发学生的思考和讨论。其次，问题应该具有层次性，针对不同层次的学生提出不同难度的问题，使每个学生都能得到回答问题的机会。最后，问题应该具有开放性，鼓励学生从多角度思考问题，培养学生的创新思维。

（三）课堂教学要具有引导性

在物理高效课堂中，教师应该扮演引导者的角色，引导学生主动学习、主动思考。首先，教师应该注重课堂导入，通过生动有趣的情境创设，激发学生的学习兴趣。其次，教师应该注重课堂互动，鼓励学生积极参与课堂活动，发表自己的观点和看法。最后，教师应该注重课堂总结，帮助学生梳理知识体系，加深学生对知识的理解和记忆。

（四）板书设计要具有高效性

板书是课堂教学的重要组成部分，它能够帮助教师呈现教学内容、突出重点难点。在物理高效课堂中，板书设计应该具有高效性。首先，板书应该简洁明了，能够突出教学内容的核心。其次，板书应该布局合理，能够方便学生理解和记忆。最后，板书应该与时俱进，不断更新和完善，保持其有效性。

（五）作业设计要具有层次性

作业是检验学生学习效果、巩固学生知识的重要手段。在物理高效课堂中，作业设计应该具有层次性。首先，作业应该根据学生的实际情况和教学目标进行分层设计，针对不同层次的学生布置不同难度的作业。其次，作业应该注重实践性和创新性，鼓励学生动手操作、探究问题，培养学生的实践能力和创新精神。最后，作业应该注重反馈和评价，及时了解学生的学习情况，帮助学生解决问题和提高成绩。

总之，从教师角度评价物理高效课堂，目标设计要具有合理性，课堂提问要具有启发性，课堂教学要具有引导性，板书设计要具有高效性，以及作业设计要具有层次性。这些要素共同构成了物理高效课堂的重要保障。作为教师，我们应该不断探索和实践，努力提高自己的教学水平，为学生创造一个更加高效、有趣、生动的物理课堂。

三、从学生角度评价物理高效课堂

（一）学生参与活动的主动性

从学生的角度看，高效的物理课堂首先应该具备的是学生参与活动的主动性。当学生对物理学科有浓厚的兴趣，他们自然会主动参与课堂活动，积极思考，从而更好地理解和掌握知识。为了激发学生的主动性，教师应当创设各种生动有趣的情境，如实验、游戏、互动讨论等，让学生感受到物理的魅力，从而主动参与其中。

（二）学生自主学习的积极性

高效的物理课堂还体现在学生的自主学习积极性上。当学生能够主动地探索、发现、总结和运用物理规律，他们就能更好地理解和掌握知识，同时也能培养他们的独立思考能力和创新精神。教师应当鼓励学生提出问题，引导他们自主寻找答案，让他们在自主学习的过程中获得满足感和成就感。

（三）学生学习兴趣的建立

学生对物理学科的兴趣是建立高效课堂的关键。有趣的实验、生动的案例、有趣的课外活动等都可以激发学生的学习兴趣。教师应当善于利用各种教学手段，如多媒体教学、实验教学、互动教学等，让学生在轻松愉快的氛围中学习，从而培养他们对物理的兴趣。

（四）学生学习信心的建立

高效物理课堂还体现在学生学习信心的建立上。当学生能够理解和掌握物理知识，他们就会对自我价值有更高的认识，从而增强他们的自信心。教师应当善于发现学生的优点，及时给予肯定和鼓励，让他们在成功的体验中增强自信。

（五）学生情感体验的获得

高效物理课堂还应该注重学生的情感体验。学生在课堂上获得的快乐、成功感、自我实现的满足感等都是情感体验的体现。教师应当注重师生互动，关注学生的情感需求，让学生在课堂上不仅学到知识，还能感受到被尊重和关爱，从而更好地投入到学习中。

综上所述，从学生的角度看，高效的物理课堂应该具备学生参与活动的主动性、自主学习的积极性、学习兴趣的建立、学习信心的建立以及情感体验的获得。这些因素共同构成了高效物理课堂的重要元素，只有这样才能真正实现物理教学的目标，培养出具有独立思考能力和创新精神的学生。

第二章　物理高效课堂构建的原则与策略

第一节　物理高效课堂构建的基本原则

一、科学性原则

在当今的教育环境中，物理课堂的重要性不言而喻。物理是一门基础学科，它不仅涉及我们日常生活中的许多现象，而且对于培养学生的科学素养和思维能力具有关键作用。构建高效物理课堂需要遵循一些基本原则，其中科学性原则是基础且核心的原则。

（一）科学性原则的内涵

科学性原则是指在物理课堂中，教师应当注重科学知识的传授、科学方法的训练以及科学思维的引导。这意味着物理课堂应以科学的态度和方法来教授物理知识，并鼓励学生通过科学的方法去探究和理解物理现象。科学性原则体现在以下几个方面：

（1）严谨性。在物理教学中，教师应当遵循科学规律，传授准确、可靠的科学知识，避免在教学中出现科学性错误，以免误导学生。

（2）实证性。物理学是一门以实验为基础的学科，因此在物理课堂中，教师应当注重实验的开展，让学生通过观察和实验去验证和理解物理现象和规律。

（3）逻辑性。在教授物理知识时，教师应当注重培养学生的逻辑思维能力，引导学生通过逻辑推理去探究和理解物理问题。

（二）科学性原则在高效物理课堂中的应用

（1）教学方法。教师应采用适合学生的教学方法，如探究式教学、合作学习等，以激发学生的学习兴趣和主动性，培养他们的科学思维和探究能力。

（2）教学内容。教师应选择符合科学事实和规律的教学内容，避免过于陈旧或错误的知识。同时，应注重与现实生活的联系，使学生感受到物理知识的实用性和价值。

（3）评估与反馈。教师应通过科学的评估方法，了解学生的学习情况，及时调整教学策略。同时，应鼓励学生提出疑问和观点，给予积极的反馈和指导，以促进学生的科学思维发展。

综上所述，科学性原则是构建高效物理课堂的基本原则之一。它强调了教师在教学中应注重传授准确、可靠的物理知识，培养学生的科学思维和探究能力。通过严谨性、实证性和逻辑性的教学方法和内容选择，教师可以帮助学生更好地理解和掌握物理知识，提高他们的科学素养和思维能力。同时，教师应采用科学的评估方法，及时反馈学生的学习情况，以促进学生的全面发展。

二、针对性原则

在当今的教育环境中，构建高效物理课堂的重要性不言而喻。物理是一门基础学科，它不仅要求学生掌握基本概念和原理，还需要学生能够运用这些知识解决实际问题。为了实现这一目标，针对性原则在构建高效物理课堂中的重要性不容忽视。针对性原则是指教师在教学过程中，应根据学生的实际情况和需求，制定适合他们的教学策略和方法，以实现教学目标。

针对性原则的实施策略如下：

（1）了解学生。了解学生的知识基础、学习风格和兴趣爱好是实施针对性原则的基础。教师需要关注学生的个体差异，以便为他们提供个性化的教学方案。

（2）目标明确。针对不同的学生群体，教师需要设定明确的教学目标。这些目标应该符合学生的实际水平和发展需求，具有可操作性。

（3）教学内容适应。教师需要根据学生的实际水平和教学目标，选择适当的教学内容。这包括教学材料、难度适中的练习题和案例等。

（4）教学方法多样。为了适应不同学生的需求，教师需要采用多样化的教学方法。例如，可以通过实验、讨论、互动等方式激发学生的学习兴趣和参与度。

（5）反馈及时。教师需要及时给予学生反馈，帮助他们了解自己的学习状况和进步情况。同时，教师还需要根据反馈调整教学策略和方法，以满足学生的需求。

针对性原则是构建高效物理课堂的基本原则之一。通过了解学生、设定明确的教学目标、选择适当的教学内容、采用多样化的教学方法以及及时给予学生反馈等措施，教师可以更好地实施针对性原则，提高物理课堂的教学效果和质量。同时，教师还需要不断更新教学理念和方法，以适应教育发展的需求。只有这样，我们才能真正实现物理教育的目标，培养出具有创新精神和实际能力的学生。

三、发展性原则

在当今的教育环境中，构建高效物理课堂已成为教育者们追求的目标。为了实现这一目标，我们有必要遵循发展性原则。发展性原则强调的是学生个体在物理学习过程中的全面发展，包括知识、技能、情感态度、价值观等多方面的提升。

（一）发展性原则的内涵

（1）尊重个体差异。每个学生都是独一无二的个体，他们的学习方式、速度和兴趣点都有所不同。发展性原则要求我们尊重学生的差异，因材施教，为每个学生提供个性化的学习体验。

（2）知识与实践相结合。物理是一门实践性很强的学科，发展性原则要求我们在教学中注重理论与实践的结合。通过实践活动，学生可以更好地理解和应用所学知识，提高解决问题的能力。

（3）培养创新精神。在物理课堂中，发展性原则鼓励我们培养学生的创新精神。通过鼓励质疑、探究和实验，激发学生的好奇心和求知欲，培养他们独立思考和解决问题的能力。

（4）关注情感态度价值观。除了知识技能的学习，发展性原则还关注学生的情感态度和价值观的培养。通过积极的课堂氛围、互动和反馈，我们可以帮助学生建立自信、激发兴趣，培养他们积极的学习态度和科学精神。

（二）实践发展性原则

（1）精心设计教学内容。教学内容应该既包括基础知识，又具有一定的探究性和挑战性。这样可以激发学生的学习兴趣，同时也能锻炼他们的思维能力。

（2）创新教学方法。多样化的教学方法（如小组合作、实验探究、角色扮演等）可以激发学生的学习兴趣，促进他们的主动学习。

（3）营造积极的课堂氛围。一个积极的课堂氛围可以提高学生的参与度，促进他们的互动和交流。教师可以通过积极的反馈、鼓励和引导，营造一个安全、开放、有趣的课堂环境。

（4）关注学生的进步。教师应当关注每个学生的进步，给予及时的反馈和指导。这不仅可以增强学生的学习信心，还能让他们感受到自己的成长和进步。

（5）持续的评估与反思。教师应当定期对教学进行评估，了解学生的学习情况，以便及时调整教学策略和方法。同时，教师也应当对自己的教学进行反思，不断改进和提高自己的教学水平。

发展性原则是构建高效物理课堂的重要原则。它强调学生的全面发展，尊重个体差异，注重知识与实践的结合，培养创新精神，关注情感态度价值观。通过实践这一原则，我们可以为学生提供更优质、更有效的物理教育，促进他们的全面发展。

四、课时性原则

在物理教学过程中，教师常常面临着如何在有限的课堂时间内有效地传递和吸收大量知识的问题。要解决这一问题，需要坚持课时性原则。

（一）课时性原则的含义

课时性原则是指教师应在每堂课上以适当的时间为单元进行教学设计。这要求教师明确每一节课的目标，并将教学目标与学生的实际学习水平、年龄、兴趣和需要相结合。课时性原则还强调对教学内容的深度和广度的把控，确保教学内容既不过分深入也不过于浅显。

（二）坚持课时性原则的必要性

（1）提高教学效率。课时性原则有助于教师更有效地利用课堂时间，确保学生在有限的时间内获得尽可能多的知识和技能。

（2）增强教学效果。课时性原则有助于教师更好地把握教学内容的难度和进度，使学生能够更好地理解和掌握知识，从而提高教学效果。

（3）符合学生的学习需求。课时性原则将教学目标与学生实际学习水平相结合，能更好地满足学生的学习需求，激发他们的学习兴趣和动力。

（三）实践课时性原则

（1）明确教学目标。教师应在课前明确每堂课的教学目标，并根据教学目标设计教学内容和教学步骤。

（2）合理安排时间。教师应根据教学内容的难度和学生的实际情况，合理安排每堂课的时间，确保教学进度不会过快或过慢。

（3）注重课堂互动。教师应积极与学生互动，了解学生的学习情况，并根据学生的反馈调整教学进度和难度。

（4）合理利用教学资源。教师应根据教学内容的需要，合理利用教学资源，如实验器材、多媒体设备等，以提高教学效果。

坚持课时性原则是构建高效物理课堂的重要基础。它要求教师对每堂课的教学目标有清晰的认识，合理安排教学时间，注重课堂互动，并充分利用教学资源。通过这种方式，教师可以更好地满足学生的学习需求，提高教学效果，从而构建一个高效、有活力的物理课堂。

五、系统性原则

在当今的教育环境中，构建高效物理课堂的重要性日益凸显。为了提高学生的学习效果和成绩，教师需要遵循系统性原则。

（一）系统性原则的重要性

系统性原则是指在设计和实施物理课堂教学时，教师需要将教学内容、教学方法、教学资源等各方面进行系统整合，形成一个完整的教学体系。这一原则有助于提高教学的整体性和连贯性，使学生更好地理解和掌握知识。

在物理课堂中，系统性原则主要体现在以下几个方面：

（1）教学内容的系统性。教师需要将物理知识按照一定的逻辑顺序进行编排，使学生能够循序渐进地掌握知识。

（2）教学方法的系统性。教师需要根据教学内容和学生的实际情况，选择合适的教学方法，使教学方法与教学内容相互匹配。

（3）教学资源的系统性。教师需要充分利用各种教学资源，包括教材、教具、实验设备等，以提高教学效果。

（二）应用系统性原则

（1）制定明确的教学目标。教师需要明确每堂课的教学目标，确保教学内容与教学目标相匹配。

（2）优化教学内容。教师需要对教学内容进行梳理和整合，使其更具系统性和连贯性。

（3）选择合适的教学方法。教师需要根据教学内容和学生的实际情况，选择合适的教学方法，如讲解、演示、实验、讨论等。

（4）充分利用教学资源。教师需要充分利用各种教学资源，包括教材、教具、实验设备等，以提高教学效果和学生的参与度。

（三）注意事项

（1）保持教学计划的连贯性。教师在制定教学计划时，需要考虑到各部分内容的相互关联，确保教学计划的连贯性。

（2）关注学生的学习情况。教师需要及时关注学生的学习情况，根据学生的学习反馈调整教学策略和方法。

（3）培养学生的系统思维能力。教师在教学过程中，需要注重培养学生的系统思维能力，使学生能够将所学知识系统地联系起来。

综上所述，系统性原则在构建高效物理课堂中的重要性不言而喻。通过制定明确的教学目标、优化教学内容、选择合适的教学方法以及充分利用教学资源，教师能够更好地应用系统性原则，提高物理课堂的教学效果和学生的参与度。同时，教师也需要注意保持教学计划的连贯性、关注学生的学习情况以及培养学生的系统思维能力，以确保高效物理课堂的顺利构建。

六、主体性原则

（一）主体性原则的内涵

主体性原则是指教师在教学过程中，把学生视为教学活动的主体，通过激发学生学习的主动性，达到培养学生的主体意识和参与意识，从而使学生积极主动地学习和发展。

（二）主体性原则在物理课堂中的应用

1.激发学生的学习兴趣

兴趣是最好的老师。教师在物理教学中，可以通过多种方式激发学生的学习兴趣，如利用实验、多媒体、故事等手段，使学生对物理产生好奇心和求知欲。同时，教师还可以通过设置问题情境，引导学生主动思考、积极探索，从而培养学生的自主学习能力。

2.尊重学生的主体地位

在物理教学中，教师要尊重学生的主体地位，充分发挥学生的主体作用。教师要关注学生的个体差异，根据学生的不同需求，采取不同的教学方法和手段，使每个学生都能得到充分的发展。同时，教师还要鼓励学生积极参与教学活动，鼓励学生发表自己的见解和想法，从而培养学生的创新精神和创新能力。

3.培养学生的主体意识

主体意识是指学生对自己的主体地位和作用的认识。在物理教学中，教师要通过多种方式培养学生的主体意识，如通过案例分析、讨论交流、实验教学等手段，使学生认识到自己是教学活动的主人翁，从而激发学生的学习热情和积极性。

（三）主体性原则在物理教学中的作用

主体性原则在物理教学中具有重要的意义和作用。首先，它有利于激发学生的学习兴趣和求知欲，提高学生的学习积极性和主动性；其次，它有利于培养学生的创新精神和创新能力，提高学生的综合素质；最后，它有利于促进学生的全面发展，使学生不仅掌握物理知识，还能在实践中应用所学知识。

总之，主体性原则是构建高效物理课堂的基本原则之一。教师在教学过程中要注重激发学生的学习兴趣和主动性，尊重学生的主体地位和主体意识，培养学生的主体意识和创新能力，从而使学生成为教学活动的主人翁，达到提高教学质量和效果的目的。

七、导学性原则

在当今的教育领域中，构建高效课堂已经成为一个热门话题。高效课堂是指在有限的时间内，通过科学的教学设计和教学方法，使学生能够更好地理解和掌握知识，从而达到更好的学习效果。在构建高效物理课堂的过程中，导学性原则是非常重要的一项基本原则。

导学性原则是指在物理教学中，教师需要引导学生自主学习、思考和探索，激发学生的学习兴趣和主动性，让学生成为学习的主体。这一原则的实现需要教师在以下几个方面做出努力：

（1）创设情境。教师需要结合教学内容和学生的实际情况，创设生动、有趣的情境，引导学生进入情境中，从而激发他们的学习兴趣和主动性。

（2）启发式教学。教师需要采用启发式的教学方法，引导学生思考和探索，让他们自己发现规律、总结结论，从而更好地理解和掌握知识。

（3）引导学生自主学习。教师需要鼓励学生自主学习，让他们通过自己的努力去获取知识，培养他们的自主学习能力和探究精神。

（4）及时反馈。教师需要及时对学生的表现进行反馈，帮助他们了解自己的学习情况，及时调整学习策略，从而更好地提高学习效果。

在实施导学性原则的过程中，教师还需要注意以下几点：

（1）尊重学生的个体差异。每个学生都有自己的特点和优势，教师需要尊重学生的个体差异，根据学生的实际情况进行有针对性的教学。

（2）注重培养学生的思维能力。物理是一门需要学生具备较强思维能力的学科，教师需要注重培养学生的思维能力，让他们能够更好地理解和掌握物理知识。

（3）注重实践教学。物理是一门实践性很强的学科，教师需要注重实践教学，让学生通过实验、实践等方式来加深对知识的理解和掌握。

总之，导学性原则是构建高效物理课堂的基本原则之一，它需要教师在教学过程中注重创设情境、启发式教学、引导学生自主学习、及时反馈等环节，注重培养学生的思维能力和实践能力，从而更好地提高学生的学习效果。

八、问题性原则

在当前的课堂教学环境中，教师不断地寻找提升教学效率和质量的方法。物理课堂作为一门基础学科的教学场所，其高效性显得尤为重要。问题性原则是构建高效物理课堂的基本原则之一。

（一）问题性原则的重要性

问题性原则是指在物理课堂中，教师应当注重问题的设计、提出和解决。问题不仅是学习的驱动力，也是学生思考、探索和发现的过程。通过问题，学生可以更好地理解物理概念，掌握物理规律，提高解决问题的能力。同时，问题也可以激发学生的学习兴趣，提高他们的参与度，从而促进高效物理课堂的构建。

（二）问题设计的原则

（1）针对性。问题设计应当针对课程内容和教学目标，确保问题的设置能够帮助学生理解和掌握知识。

（2）层次性。问题设计应当由易到难，逐步提升难度，满足不同层次学生的需求。

（3）开放性。问题设计应当具有一定的开放性，鼓励学生从多角度思考和解决问题，培养他们的创新思维。

（三）问题解决的策略

（1）引导学生主动思考。教师应当鼓励学生主动提出问题，引导他们积极思考，培养他们的独立思考能力。

（2）注重过程反馈。教师应当及时给予学生问题解决的反馈，肯定他们的成绩，指出不足，帮助他们更好地改进。

（3）团队协作。教师可以通过小组合作的方式，引导学生共同解决问题，培养他们的团队协作精神。

通过实施问题性原则，物理课堂的教学效果可得到显著的提升。学生的学习兴趣能够得到激发，参与度得到提高。同时，问题性原则也培养了学生的独立思考能力和创新精神，为他们未来的学习和生活打下了坚实的基础。

总之，问题性原则是构建高效物理课堂的基本原则之一。通过注重问题的设计、提出和解决，教师可以更好地激发学生的学习兴趣，提高他们的参与度，培养他们的独立思考能力和创新精神。这将有助于提升物理课堂的教学效率和质量，为学生的未来发展奠定坚实的基础。

九、层次性原则

层次性原则是构建物理高效课堂的基础。

首先，我们需要明确的是，物理教学是一个由浅入深、由表及里的过程。从最基础的物理概念，到复杂的物理现象，再到物理定律和理论，这是一个逐层深入的过程。因此，在物理教学中，我们必须遵循这一层次性原则，确保教学内容的层次性和系统性。

其次，层次性原则还体现在学生的认知层次上。不同学生的认知能力、理解能力存在差异，这就要求我们在教学中要因材施教，针对不同层次的学生设计不同层次的教学内容和方法。这样，才能使所有学生都能在原有的基础上有所提高，实现高效的教学。

总的来说，构建物理高效课堂需要我们坚持上述原则。只有在遵循这些原则的基础上，才能真正实现高效的教学，培养出具有实践能力和创新精神的学生。同时，我们也需要注意在教学中充分发挥学生的主体作用，注重培养他们的自主学习能力和科学探究能力。只有做到这些，我们才能真正实现高效的物理教学。

第二节　基于教师教学行为的高效课堂构建策略

教师组织课堂教学，掌握着一节课的教学目标，设置每堂课的教学内容与教学方法。学生的学习行为也依赖于教师教学方法的选择，采用不同的教学方式在提高课堂效率与培养学生综合能力等方面都起着重要的作用。鉴于此，教师行为对课堂效率的影响不可忽视，为了解决在课堂中发现的问题，笔者与经验丰富的教师进行交谈，并结合自己的教育实践经验，对物理课堂教学做出以下几个方面的强化或改变。

一、教师教学观念需要更新

教师处于教学一线，要时刻关注科技、经济、社会、教育等发展动态，在教学过程中让学生尽可能多地了解物理领域的最新应用，让学生深刻体会到物理源于生活，服务于大众，培养学生的社会责任感。随着教学改革的进行，教师的教学观念要随之改变，传统的教学过程都是以"高分数、高升学率"为目标，学生学习的过程就是做题过程，繁杂的练习题让学习变得枯燥，很大程度上挫伤了学生学习物理的积极性。新形势下的教育，力求改变传统教学的弊端，在帮助学生掌握知识的同时应发展学生核心素养，培养学生学习物理的兴趣与积极性，把物理课堂由"要我学、教我学"转变为"我要学、我会学"。提高物理课堂的教学效率，教师教学观念的更新最为重要，教师教学观念的更新要以新课改作为指导，从多方面和多层次理解其内容。[①]每一门学科都有其学科特点，物理学科也应具有独特的教学方法。

作为教师应该正确理解改革要求与新课程标准的内容，避免单纯地为了改革而改革。例如，培养学生探究问题的能力，即学生自主发现问题，然后以小组讨论的方式总结出定律或者规律，使问题得以解决。由于物理学科具有很强的抽象性，因此学生在阅读课本内容时无法找到重点，经过讨论解决的也是比较简单的问题，课后经过调查发现，大部分学生无法掌握该节课的重点，只能将课本上的公式背诵下来，并且还不懂运用的方法。由此看来，对于物理学科，学生自主学习掌握知识是比较困难的。对于学生自主解决问题能力的培养应由浅入深，由易到难，课堂上，由任课教师指定尚待解决的课题，学生则是在老师的引导下把握一节课的重点。[②]物理是一门自然科学，是对自然规律和科学认识的总结，其教学过程应该与文科类学科区分开来。

二、教师课前做到高效备课

教师要认真钻研物理知识，同时要广泛学习其他相关联学科的专业知识。在促进学生全面发展的同时，教师也应当注重自身的全面发展。例如，学习数学中方程的解题技巧，使学科功底更加深厚。学习地理相关知识可以让学生对地磁场有更加深刻的理解等。

教师只有进行精心的备课，才能让教学过程变得生动而有趣。备课是每节课进行之前最重要、最基本的准备工作，为了提升课堂的教学效率，教师备课的过程中要将教学内容与学生的现实生活相结合，让学生充分了解到物理知识来源于生活，各种生活现象都可以通过物理知识进行解释。[③]通过物理的学习，能够让学生解释自然界的现象，培养学生学习的成就感与学习的自豪感，进而激发学生学习物理的兴趣。

在备课的过程中，要避免理论知识与现实生活相脱节，要学会分析学生的学习特点与学习情况。由于是班级授课制，而且每堂课的时间有限，进行严格的分层次教学不现实，教师在设定每一堂课的教学内容时，要让大多数学生能够接受，可以以中等偏下的学生为参考点，确保这一部分及其以上的学生当堂能够听懂，对于接

① 朱文平.基于国际理解的教师教学观念转变的课例研究[D].重庆：西南大学，2018.

② 马宝红，张战杰.核心素养指导下的物理教学[J].教育现代化，2018，5（52）：269-270+278.

③ 赵昂.初中物理高效课堂教学策略的研究[D].西宁：青海师范大学，2014.

受能力差的学生可以在自习课时采用分层次教学的方法，力求不放弃每一名学生。

不同类型的课题培养学生各个方面的能力，不同的教学内容要采用不同的教学方式，比如学习"牛顿第一定律"，进行伽利略理想斜面实验的分析可以让学生自己完成，训练学生的推理能力。验证"牛顿第二定律"实验，实验的方法比较简单，但是分析钩码的质量要远远小于小车质量的原因对于学生来说理解比较困难，这就需要教师先要给学生讲清楚基础原理，然后让学生进行实验操作，培养学生的动手能力。

对于导学案的设置也应当进行一定的优化，在集体进行导学案的设计之后，教师要根据自己班级的情况进行补充和修改。[1]对课堂需要的知识进行扩充，加强自己班级学习内容的上下衔接，对课本的内容以及学习的重点、需要课堂探讨的问题标记清晰，方便学生在预习时提前做好知识的储备。在每堂课结束之后，要进行及时的练习，教师应根据本节课的重点知识设置练习题，对于物理这种衔接比较强的学科要经常进行温习，才能突出知识的衔接性，方便学生理解教材。

三、教师课堂做到高效教学

教师在课前需要对上一节课学习的知识进行复习，在复习过程中了解班级学生掌握的情况。因为学生学习科目比较多，课下对物理知识的复习时间较少，新学的知识容易遗忘，所以在每次上课之前都要对上一节课的知识进行复习。复习的过程不再是要求学生背诵物理公式，而是让学生回忆推导知识的过程。[2]依据新课程标准的要求，物理学习注重结果的同时更要注重学习的过程，培养学生发现问题和解决问题的能力，提高学生的核心素养。

在新课导入阶段，教师要合理选择导入的方式，要足够吸引学生的兴趣，充分调动学生的积极性。教师可以通过列举生活中的有趣现象进行导入，培养学生的发现能力，也可以利用最新科技事件进行故事导入，让学生对未来科学技术有一定的憧憬，吸引学生的注意力，使学生充满探究欲望。[3]合理有效的导入可以延长学生无意注意的时间，使物理课堂变得轻松、愉快。在课堂的教学过程中，教师要多和学生进行互动，有效的互动会提高学生学习的积极性。教师可以选取一些难点知识，与学生一起探讨解决，也可以通过和学生共同完成演示实验的形式，加强课堂中的师生互动。

教师要合理使用多媒体设备，部分教师对教学的改革理解出现了偏差，认为

① 顾建康.精心做好实验备课 打造高效物理课堂[J].物理教学探讨，2011，29（02）：14-16.
② 曹卫华.高中物理高效课堂教学模式分析[J].内蒙古教育，2018（20）：78-79.
③ 向国孝.优化教学策略，打造高中物理高效课堂[J].学周刊，2018（20）：99-100.

用多媒体播放课件就是在进行信息化教学，只不过是把原来需要书写的板书通过课件播放出来了而已。制作的课件要简洁明了，背景颜色的选取和字迹要能明显地区分。多媒体的使用导致课堂知识密度增加，这就要求教师应该注意讲课的速度，要给学生留下充分的时间理解知识。利用多媒体教学可以帮助学生突破难点，可以将一些比较抽象的知识或比较复杂的实验通过多媒体展示出来，使肉眼无法直接观测的事物形象生动地展示在屏幕上。[①]例如，在教学"带电粒子在磁场中的运动"时，带电粒子无法真实展示，如果只是凭借学生的想象判断粒子的运动，会让学生感到十分困惑。教师可以将这一运动情况做成动画或视频，让学生直接"观察"到，通过多媒体将微观的事物宏观地展示出来，更大程度上促进学生对知识的理解，提高课堂的教学效率。

物理实验教学或相关问题的探究需要学生分组进行讨论，这时教师要加强小组合作性，对班级的学生进行有效分组，改变先前学生的自行分组，由教师亲自安排组员。把学生进行平均分配，确保每个小组组员之间都能够优势互补，提高小组互相配合的协作能力，调动每一名组员的积极性，培养学生的团队精神。在小组合作解决问题时，教师要注意巡查，确保每一个小组都在积极探究，及时解决小组中遇到的困难。教师要加强对班级里程度稍差学生的管理，一方面防止这一部分学生扰乱课堂，另一方面督促他们的学习，不放弃每一名学生，提高课堂教学效率。

课堂上，教师要时刻关注学生的动态，对走神的学生要及时提醒，注意每一堂课的教学节奏，确保多数学生能够跟随着教师的思路解决新问题，学习新知识。教师要对每堂课的知识非常熟悉，对课堂的掌握游刃有余，营造良好的学习氛围，使物理课堂在轻松的氛围下进行。学生正值青春期，自控能力差，教师在课下要做好监督工作，督促学生认真完成作业。对于布置作业，教师可以根据学习情况，把学习程度差不多的学生分为一个小组，安排适合每个小组难度的课下作业。对于学习暂时稍差的小组，在完成首次作业后，继续加大所布置作业的难度，直到达到教学目标的要求为止。

四、教师课下做到高效反思

每当结束一节课，教师要进行课后反思，对自己在课堂上的行为、决策以及产生的效果进行全方位的审视和分析。一方面，对自己在教学中正确的做法给予肯定，从而不断积累教学经验；另一方面，反思教学实践中不符合新理念的做法，纠

---

① 刘思彤.多媒体课件在高中物理教学的应用[D].北京：中央民族大学，2017.

正错误的做法，进而不断完善自己的教学行为，使教学更加完善。作为一名工作于一线的教师，要坚持每一节课结束后都进行教学反思，从平时的点滴中积累多种教学方法，最大限度地避开依据教材按部就班的授课模式，教师要提高自己驾驭课堂的能力，提升教学水平。

第三节　基于学生学习行为的高效课堂构建策略

学生在课堂教学中处于主体地位，在教师的引导下完成新旧知识的更替，按照每一门学科的特点，不同科目采用不同的学习方法，合理安排学习时间。物理科目需要直接背诵的内容较少，关键在于对知识的灵活运用。学生在熟练掌握知识的同时也要留意生活中物理现象，并运用所学知识做出合理解释。因为学生处于主体地位，是高效课堂构建必不可少的部分，因此笔者对学生高效学习方法提出以下几点建议，帮助学生养成良好的学习习惯。[1]

一、课前学会预习

预习是提高物理课堂效率的必要手段，物理知识难度大，内容比较抽象，有效的预习是上好一堂课的前提，也是提高课堂效率的重要保证。学生应改变先前的无效预习方式，在教师的引导下进行有效预习。有效的预习并非只是完成教师布置的任务，粗略地看课本或在公式上做标记。[2]预习的方法，内容及其深浅，新内容的重难点均需按照教师要求进行全面的规划，借助导学案，更好地掌握预习内容、明确教学目标，明确重点、难点。

课下学习时间有限，而物理知识相对比较抽象，这就给预习工作带来困难。鉴于此，在预习中对知识的理解不作过多的要求，但是需要明确整堂课的大致内容以及重难点，对接下来要进行的学习活动做充足的准备。预习是自学的过程，有利于减轻学生对教师的依赖，培养自主学习能力。在预习过程中如能成功解决某些问题，这对增强学生的学习信心，端正学习态度都大有裨益。

二、课堂学会听课

教室是获取知识的殿堂，课堂听课也是获取新知识的主要渠道，要在教师的指导下认真听课，全身心地投入课堂学习中。[3]课堂上要跟紧教师的思路，物理知识连

① 姚蛟雷.提高学生参与度，打造物理高效课堂[J].课程教育研究，2017（25）：189-190.
② 何小河.高中物理教学中利用自主学习实现高效课堂的研究和实践[D].长沙：湖南师范大学，2017.
③ 王小英.强化核心素养，构建高效物理课堂[J].课程教育研究，2016（32）：175-176.

续性非常强烈，前一部分知识的薄弱会严重影响后续知识的学习。

在听课过程中，要勇于发言，对于预习中产生的疑惑要特殊留意，听课过程中如果教师未解决自己的疑惑要及时询问。而当教师讲授的内容与自己的理解出现偏差时要敢于质疑，与教师和同学共同探讨，得出正确的答案。小组讨论环节，不要和其他组员交流课外问题，应积极参与、共同解决问题。

听课的同时要学会记录笔记，记笔记不是为了应付教师的检查，而是因为合理的记录对于理解课程的重难点具有非常大的帮助。并且记笔记不是写"流水账"，改变把教师板书完完全全抄写下来的方式，记录的过程中要加入自己的理解，标记出每堂课的重点等。物理的学习不是只学习结果，要重视过程的理解，若将公式的推理过程理解透彻，公式的运用将会变得非常容易。

三、课后学会复习

及时复习对掌握新知识有巨大的作用，心理学研究表明，人类学习新知识后，在一个小时以内记忆率可以达到90%左右，一小时后，遗忘率大大提高，新学习的知识记忆率降低到40%。随着时间的推移，能够最终记住的内容越来越少，直至完全遗忘。而如果课下及时复习，可以将短时记忆转变为长时记忆，最终形成永久性记忆。经常复习有利于学生更加透彻地理解知识，正所谓"温故而知新"，物理学习也变得简单而有趣。

复习要遵循一定的规律，否则会浪费大量的宝贵时间。若想达到高效的复习目的，可尝试回忆学习过程的方法，结合笔记对课堂知识进行系统梳理。在听课时感觉比较难的部分要重点复习，发扬吃苦耐劳的精神，锻炼自己的发散性思维。课后要制订好学习计划，按照学习计划付诸行动。

物理学科的关键在于运用，在复习的过程中多进行一些必要的练习，有针对性的练习可以帮助我们更透彻地理解知识，达到举一反三的效果。从整体来看物理科目难度较大，复习的过程中一定要沉下心来，不能够急躁或者敷衍浪费时间，只有复习到位，训练到位，才可能达到质的飞跃。

四、学会高效作业策略

"一听就懂，一看就会，一做就错，一考就砸"，是很多学生学习物理的现状。这种现象归根结底就是学生眼高手低，不重视平时的练习，应付作业。要想真正掌握一定的学习技巧，教师应该引导学生学会做作业。

首先引导学生端正做作业的态度，一般上完课老师留的作业都是有巩固当天所学相关的知识点，考查学生对各知识点的理解与掌握情况，规范学生的答题步骤等，所以要想高效地作业首先要认清作业的重要性。

其次，让学生养成做作业之前要回顾当天所学的知识点、题目类型、解题方法与技巧的习惯，或是重温课本辅以巩固后，再来做，这样可以很好地巩固知识点，并且规范自己的答题步骤。规范学生的答题步骤非常关键，作业布置再好，不规范答题步骤，学生好的学习习惯就培养不出来。

最后，要引导学生总结、反思自己的学习方法和思维方法，引导其自己发现失误、改正失误，引导学生举一反三，提高分析问题、解决问题的能力。

第三章 物理高效课堂的实施目的、要求与策略

第一节 物理高效课堂实施目的与环节

一、物理高效课堂实施目的

（一）转变学生的学习方式

物理高效课堂旨在转变以往传统的教学模式，突出学生在学习中的主体地位，促进学生从被动接受知识向主动探索、积极思考的转变。在这种课堂模式下，学生可以通过自主学习、合作探究、动手实践等多种方式，掌握物理知识，提高物理素养。同时，通过这种高效课堂模式，也可以培养学生的学习能力、独立思考能力和团队合作精神，为学生未来的发展打下坚实的基础。

（二）提高课堂教学效率

物理高效课堂的核心目标之一是提高课堂教学效率。通过优化课堂教学设计，合理安排教学内容，采用多种教学方法和手段，激发学生的学习兴趣和积极性，使学生能够在有限的时间内掌握更多的知识和技能。同时，通过高效课堂，也可以减轻教师的教学负担，使教师有更多的时间和精力关注学生的个体差异和需求，更好地指导学生进行学习。

（三）培养学生的科学素养

物理高效课堂注重培养学生的科学素养，使学生能够从科学的角度去看待问题、思考问题，培养学生的科学精神和实践能力。在高效课堂中，学生可以通过实验、观察、测量、分析等多种方式，了解物理现象和规律，掌握科学方法和技能，加深对科学的理解和认识。这种培养不仅有助于学生的学术发展，还可以为学生未来的职业生涯和生活带来积极的影响。

（四）促进教师的专业发展

物理高效课堂对教师提出了更高的要求，需要教师具备更高的教学能力和专业素养。通过高效课堂的实施，教师可以更好地了解学生的学习需求和特点，更好地指导学生进行学习，提高教学效果。同时，教师也可以通过与其他教师的交流和合作，分享教学经验和成果，共同探讨教学方法和手段，促进教师的专业发展。

总之，物理高效课堂的实施目的在于转变学生的学习方式，提高课堂教学效率，培养学生的科学素养，促进教师的专业发展。通过高效课堂的实施，可以更好地实现物理教育的目标，提高学生的学习效果和综合素质。

二、物理高效课堂实施的环节

（一）新课引入

新课引入是高效课堂实施的重要环节之一。一个生动有趣或富有挑战性的引入，可以引发学生对新课的兴趣。在引入环节，教师可以选择生活实例、科学故事、实验现象等方式进行导入。例如，通过演示有趣的物理实验，激发学生的好奇心和探究欲望，引导学生进入物理世界。此外，教师还可以利用现代多媒体技术，如视频、图片等，为学生呈现丰富多彩的物理现象，帮助学生更好地理解新课内容。

（二）科学猜想

科学猜想是高效课堂实施的关键环节之一。在教师的引导下，学生根据已有的知识和经验，对物理现象或规律进行猜想和假设。这个环节可以培养学生的创新思维和想象力，同时也有助于提高学生的科学素养。教师在引导学生进行猜想时，应该注意以下几点：首先，要鼓励学生大胆猜想，不要拘泥于已有的结论；其次，要引导学生围绕主题进行猜想，避免漫无目的地发散思维；最后，要给予学生足够的思考时间，以便他们能够充分表达自己的想法。

（三）科学探究

科学探究是高效课堂实施的重要环节之一。在这个环节中，学生根据科学猜想，通过实验、观察、分析、归纳等手段，对物理现象或规律进行探究。这个过程可以培养学生的动手能力和实践能力，同时也有助于提高学生的科学探究能力和科学素养。教师在引导学生进行科学探究时，应该注意以下几点：首先，要给予学生足够的实验器材和时间，以便他们能够充分探究；其次，要给予学生必要的指导，帮助他们解决实验过程中遇到的问题；最后，要鼓励学生积极参与实验过程，培养他们的团队合作精神和交流能力。

（四）交流讨论

交流讨论是高效课堂实施的首要环节。在这一阶段，教师需要为学生提供一个明确的问题或主题，引导学生进行讨论和交流。讨论过程中，学生应积极参与，互相倾听并尊重彼此的观点，共同寻找问题的答案。教师则应扮演引导者的角色，确保讨论的进行不偏离主题，同时关注学生的参与程度和思考深度。通过这种方式，学生可以在交流中锻炼思维能力和表达能力，同时加深对物理知识的理解。

（五）结果展示

结果展示是高效课堂实施的关键环节。在讨论结束后，学生需要以口头或书面形式展示他们的讨论成果。这既可以检验学生对知识的掌握程度，又可以锻炼他们的口头表达和书面表达能力。教师应对学生的展示给予积极的反馈，肯定他们的成绩，同时指出存在的问题，引导他们改进。此外，教师还可以邀请其他同学对展示内容进行提问和讨论，以促进知识的深化和交流。

（六）教学评价

教学评价是高效课堂实施的最后一个环节，也是不可或缺的一环。教师应对学生的学习成果进行全面的评价，包括对知识点的掌握程度、思考问题的深度、表达能力的提升等方面。评价应以鼓励为主，充分肯定学生的进步，同时指出存在的问题和改进的方向。教师还应根据学生的学习情况和课堂表现，对教学内容和方法进行调整，以提高教学效果。

（七）归纳总结

归纳总结是物理高效课堂的重要环节之一。在这个环节中，教师需要引导学生对所学知识进行总结和归纳，帮助学生形成系统的知识体系。为了达到这个目标，教师可以采用多种方式，如黑板板书、小组讨论、学生讲解等。同时，教师还需要对学生的总结进行点评和补充，确保学生对知识点的掌握更加全面和准确。

（八）实践应用

实践应用是物理高效课堂的关键环节之一。通过实践，学生可以将所学知识应用于实际生活中，加深对知识的理解和掌握。为了达到这个目标，教师可以设计一些有趣的实验和实践活动，如家庭小实验、实验比赛等。同时，教师还需要对学生的实践过程进行指导和帮助，确保学生能够独立完成任务，提高实践能力。

（九）课后探究

课后探究是物理高效课堂的延伸环节。通过课后探究，学生可以进一步拓展自己的知识面，提高自己的创新能力。为了达到这个目标，教师可以布置一些有趣的课后探究任务，如设计一个小型实验、撰写一篇科普文章等。同时，教师还需要对学生的探究过程进行跟踪和指导，确保学生能够顺利完成探究任务，提高探究能力。

通过以上环节的实施，我们可以构建一个高效的物理课堂。在交流讨论环节，学生可以在互动中锻炼思维能力和表达能力；在结果展示环节，学生可以展示自己的学习成果，并从中得到反馈和提升；在教学评价环节，教师能全面了解学生的学习情况，并及时调整教学策略。

在未来的教学中，我们还应继续探索和优化这些环节，以适应不同学生的学习需求，激发他们的学习热情，提高他们的物理素养。同时，我们也要关注学生在课堂中的主体地位，尊重他们的个性发展，培养他们的创新精神和解决问题的能力。只有这样，我们才能真正实现物理高效课堂的理想。

第二节　物理高效课堂实施要求与前提

一、物理高效课堂实施的基本要求

（一）新课引入问题要恰当

在物理高效课堂中，新课引入问题是非常重要的一环。恰当的新课引入可以激发学生的学习兴趣和求知欲，为接下来的课堂教学打下良好的基础。

1.新课引入问题要启发性

引入新课时所提的问题，既要与教材内容紧密联系，又要有新意，有启发性，能引起学生认知冲突，激发学生兴趣和求知欲，使学生产生强烈的探究欲望，为学习新的知识奠定良好的基础。

2.要面向全体学生，兼顾优差生

教师在设计问题时应考虑使问题具有大众性、层次性，既要提问优等生，又要提问差等生，使全体学生都能参与进来，这样才能使全体学生都能得到不同的发展。同时设计的问题要由浅入深，有层次性。对于难度较大的问题要精心设计分层提问的教学情境，化难为易、化繁为简。做到使优等生吃得好，中等生吃得饱，后进生吃得消。使全体学生都能从教师的提问中体验到成功的喜悦，激发全体学生进一步学习的欲望。

3.要注意联系实际

教师在设计问题时要注意联系实际。学生来自不同的家庭、社会、学校，生活经验各不相同，社会上各种科学技术对他们也有不同程度的积极影响。物理学科的特点是紧密联系客观实际。联系实际提问，可使学生觉得某些问题的提出与解决同他们的实际生活有关，可以驱动他们联系平时的观察，用物理知识尝试解答。比如学习密度知识后提问："如何鉴别一件金首饰的真伪？"又如在学习了摩擦力这一课后可以提问："自行车在哪些地方应用了摩擦力？哪些地方对自行车的使用十分重要？"等等。这些问题的解决都离不开学生的平时观察和知识积累。这样联系实际设计的问题不仅能让学生体会到学习物理的重要性，而且能引起学生的兴趣、激发求知欲。

4.要培养学生提问的能力

学生具备了良好的提问能力后将产生巨大的效应。当学生对某些内容不理解或有疑问时，教师应给予学生提问的技巧，鼓励他们从某个角度去思考问题。在教学中，我们还要有意识地设置一些"空白"区，让学生去探索、去发现。教师只要抓住学生的好奇心和求知欲的心理特征并加以正确引导，使其兴趣保持下去就能使他们不断克服学习中的困难，越学越有信心，提高他们主动学习的热情和能力。因此我们应当为学生创造条件、提供机会和时间使学生通过"提问"积极主动地去获取知识并用所学知识解决实际问题。这样才能达到最佳的教学效果。

5.问题的设计要注重思维性

好的课堂提问不仅新奇百出，妙趣横生，而且要富有艺术性、灵活性、创造性；同时也要注意提问的目的性、适应性和深刻性；更要注重培养全体学生主动参与的意识；尤其要留给那些中差生足够的思维时间和空间；真正体现学生的主体地位和教师的辅助作用；进而优化课堂教学过程，取得最佳的教学效果。古人说"学起于思、思源于疑"，学生在物理教学中主动质疑是创新的萌芽。教学中重视引导学生质疑问难极为重要。问题是深入学习的阶梯，也是登堂入室的阶梯，所以我们不能把教师的"问"作为天经地义的事情来对待。因此我们应把课堂提问的权力还给学生，让学生在课堂上始终处于一种积极探索状态，这样不仅有利于培养学生敢于向教师挑战的精神而且有利于激发学生的创新欲望，从而培养出更多的创造性人才。

总之在物理教学中实施高效课堂应以学生为主体教师为主导的原则充分调动学生的学习积极性让他们真正成为学习的主人。达到优化课堂教学提高教学质量的目的。

（二）重视课堂教学的系统性

物理是一门系统性很强的学科，因此物理高效课堂需要重视课堂教学的系统性。

教师需要将教学内容按照一定的逻辑顺序进行安排，形成一个完整的知识体系。同时，教师还需要注重各个知识点之间的联系和区别，帮助学生建立清晰的知识框架。在教学过程中，教师需要注重讲解重点和难点，引导学生深入思考和探究，从而使学生更好地理解和掌握物理知识。

教师需要精心设计课程结构，确保教学内容的连贯性和逻辑性。这包括明确各章节之间的联系，以及将物理概念置于更广泛的学科背景中。

教师需要采用适当的教学方法，如探究式学习、合作学习等，以激发学生的学习兴趣，促进学生对知识的理解和应用。

教师需要建立一个全面的评估体系，包括平时作业、实验报告、考试成绩等，以全面评估学生的学习效果。同时，教师需要定期反思和调整教学策略，以确保教学效果的持续改进。

（三）注重学生的主体性

在物理高效课堂教学中，激发学生的主体性是基本要求之一。这意味着教师需要在教学过程中注重学生的主体地位，引导学生主动参与、积极思考、主动探究，从而提高学生的自主学习能力和创新意识。以下是一些具体要求：

1.明确教学目标

教师在备课过程中需要明确教学目标，并根据教学目标设计教学环节和问题。教学目标应该具体、明确、可量化，并且与学生的实际情况相符。这样可以帮助学生明确学习任务，激发学生的学习动力。

2.创设问题情境

教师需要创设问题情境，引导学生主动思考和探究。问题情境应该与教学内容紧密相关，并且具有启发性、趣味性和挑战性。通过问题情境的创设，可以激发学生的学习兴趣和好奇心，促使学生主动思考、积极探究，从而提高学生的自主学习能力和创新意识。

3.注重实验教学

物理是一门以实验为基础的学科，实验是物理教学的重要组成部分。教师在教学过程中应该注重实验教学，引导学生亲自操作实验器材、观察实验现象、分析实验结果。通过实验教学，可以提高学生的动手能力和观察能力，加深学生对物理知识的理解和掌握。

4.关注学生个体差异

每个学生都是独一无二的个体，他们的学习能力和兴趣爱好各不相同。教师在教学过程中应该关注学生的个体差异，根据学生的实际情况进行教学设计。这样可以激发学生的学习兴趣和自信心，促进学生的个性化发展。

5.注重课堂互动

课堂互动是激发学生学习主体性的重要手段之一。教师需要注重课堂互动，鼓励学生积极参与、表达自己的观点和想法。通过课堂互动，可以促进师生之间的交流和沟通，增强学生的学习动力和自信心，同时也可以提高学生的学习效果和教学质量。

总之，在物理高效课堂教学中，激发学生的主体性是基本要求之一。教师需要注重学生的主体地位，引导学生主动参与、积极思考、主动探究，从而提高学生的自主学习能力和创新意识。同时，教师还需要关注学生的个体差异，注重课堂互动和实验教学，为学生的个性化发展创造条件。只有这样，才能真正实现物理高效课堂教学。

（四）发挥教师的主导性

教师在物理高效课堂中扮演着重要的角色。教师的主导性主要体现在教学目标的设定、教学内容的安排、教学进度的掌控以及教学评价的反馈等方面。教师需要深入研究教材，明确教学目标，合理安排教学内容，同时还要关注学生的学习进度和反馈，及时调整教学策略和方法。

1.注重引导和启发学生

物理是一门需要学生思考和探索的学科，因此，教师在教学过程中需要注重引导和启发学生。教师可以通过设置问题、组织讨论、提供实验器材等方式，引导学生主动思考、积极参与课堂活动，激发他们的学习兴趣和积极性。同时，教师还需要关注学生的个体差异，根据学生的实际情况进行有针对性的引导和启发，以提高教学效果。

2.帮助学生解决疑难问题

学生在学习物理过程中可能会遇到各种疑难问题，如概念理解不清、实验操作不当、解题方法不明等。教师需要关注学生的学习情况，及时发现并解决学生的疑难问题。教师可以采用个别辅导、小组讨论、答疑解惑等方式，帮助学生解决学习中的困惑和难题，提高学生的学习效果。

3.注重与学生之间的互动与交流

高效的物理课堂教学需要教师与学生之间的互动与交流。教师可以通过课堂提问、小组讨论、实验教学等方式与学生互动，了解学生的学习情况和学习需求，从而更好地调整教学策略和方法。同时，教师还需要关注学生的情感和态度变化，引导学生积极思考和主动探索，激发学生的学习兴趣和动力。

4.及时了解学生的学习情况和反馈意见

教师需要及时了解学生的学习情况和反馈意见，以便更好地调整教学策略和方法。教师可以采用问卷调查、课堂观察、个别交流等方式了解学生的学习情况和学习需求。同时，教师还需要关注学生的情感变化和态度变化，及时给予鼓励和支持，增强学生的学习自信心和动力。

（五）评价机制多样化

为了更好地促进学生的学习和发展，物理高效课堂需要建立多样化的评价机制。

首先，教师需要注重过程评价，关注学生在课堂上的表现和进步情况。

其次，教师需要注重多元化的评价方式，包括学生自评、学生互评、教师评价等多种方式。通过多样化的评价机制，教师可以更好地了解学生的学习情况和学习需求，从而更好地调整教学策略和方法。同时，多样化的评价机制也可以激发学生的学习兴趣和积极性，促进学生的全面发展。

总之，物理高效课堂需要注重新课引入问题要恰当、重视课堂教学的系统性、充分发挥学生的主体性、注重教师的主导性以及建立多样化的评价机制。只有通过这些措施的实施，才能更好地提高物理课堂教学质量，促进学生的全面发展。

二、构建物理高效课堂的基本前提

（一）明确高效课堂构建的目标

构建高效课堂是提高教学质量的必要手段，也是减轻学生课业负担的有效途径。因此，明确高效课堂构建的目标是构建高效课堂的基本前提。首先，要提高学生的学习兴趣，让学生主动参与学习过程，积极思考，大胆质疑，培养学生的创新精神和实践能力。其次，要优化课堂教学结构，提高教学效率，让学生在有限的时间内掌握更多的知识，提高学生的学习成绩。最后，要注重培养学生的科学素养和人文素养，提高学生的综合素质，为学生未来的发展打下坚实的基础。

（二）营造良好的教学氛围

良好的教学氛围是构建高效课堂的重要前提。首先，教师要尊重学生的人格和权利，关注学生的个体差异，鼓励学生积极思考、大胆质疑，培养学生的自信心和自尊心。其次，教师要建立民主、平等的师生关系，营造宽松、和谐的课堂教学氛围，让学生感受到教师的关爱和关注。最后，教师要注重激发学生的学习兴趣和积极性，引导学生主动参与学习过程，培养学生的自主学习能力和合作精神。

（三）优化课堂教学结构

优化课堂教学结构是构建高效课堂的关键。首先，教师要合理安排教学内容，突出重点、难点，注重知识的内在联系和逻辑结构，让学生能够系统地掌握知识。其次，教师要采用多种教学方法和手段，如多媒体教学、实验教学、小组合作学习等，激发学生的学习兴趣和积极性。同时，教师要注重培养学生的思维能力、观察能力和动手能力，提高学生的综合素质。最后，教师要注重课堂反馈和评价，及时调整教学策略，提高教学效率和质量。

（四）遵循课堂教学规律

课堂教学是教育的重要组成部分，是教师传授知识、培养学生能力的重要途径。要实现物理高效课堂，首先要遵循课堂教学规律。这意味着教师需要了解学生的学习特点、习惯和兴趣，合理安排教学内容，运用适当的教学方法，使学生能够积极参与课堂活动，从而提高教学效果。

在物理教学中，教师需要注重实验和理论相结合的教学方法。物理是一门以实验为基础的学科，通过实验可以帮助学生更好地理解物理概念和规律。同时，理论教学也是必不可少的，它能够帮助学生建立系统的知识体系。因此，教师在教学中应注重实验和理论的结合，使学生能够更好地理解和掌握物理知识。

（五）转变学生的学习方式

学习方式是影响学习效果的重要因素之一。传统的接受式学习方式容易导致学生缺乏主动性和创造性，影响学习效果。因此，要实现物理高效课堂，必须转变学生的学习方式。

首先，鼓励学生自主学习。自主学习是指学生在教师的指导下，通过自己的努力去获取知识和技能的学习方式。在物理教学中，教师可以引导学生通过阅读教材、观察实验、思考问题等方式进行自主学习，培养他们的独立思考能力和自主探究能力。

其次，倡导合作学习。合作学习是指学生在小组或团队中通过分工合作，共同完成学习任务的一种学习方式。在物理教学中，教师可以组织学生进行小组讨论、合作学习，让学生在交流中互相学习、互相帮助，培养他们的合作精神和沟通能力。

最后，注重探究性学习。探究性学习是指学生在教师的指导下，通过自己的探索和研究来获取知识和技能的一种学习方式。在物理教学中，教师可以设计一些探究性问题，引导学生通过探究性学习来发现物理规律和现象，培养他们的创新精神和解决问题的能力。

（六）及时反馈评价

及时反馈评价是构建高效课堂的重要保证之一。教师要十分注重课堂教学过程中的信息反馈并及时评价学生的学习情况。对学生的点滴进步给予表扬和鼓励；对不足之处进行指导并鼓励他们努力改进；对学习困难的学生给予更多的关注和帮助；帮助他们树立学习的信心和提高学习的兴趣。总之反馈要及时并且要有针对性才能达到评价的目的和效果。

（七）不断反思总结

教学反思是教师专业成长的必由之路。教师需要经常对自己的教学过程进行反思总结并不断改进自己的教学方法和手段；不断探索适合学生的教学模式和方法；不断更新自己的教学观念和教学思想等等。只有不断反思总结才能不断提高自己的教学水平和提高学生的学习效果。

（八）加强实验教学

物理是一门以实验为基础的学科，加强实验教学是构建高效课堂的重要手段。首先，教师要注重实验教学的目的性和针对性，根据教学内容和目标选择合适的实验方法。其次，教师要注重实验教学的安全性和可行性，确保实验器材和药品的准备充分。同时，教师要引导学生积极参与实验过程，培养学生的观察能力和动手能力。最后，教师要注重实验结果的总结和评价，帮助学生掌握实验原理和方法，提高学生的科学素养。

（九）建立良好的师生关系

良好的师生关系是构建高效课堂的重要保障。首先，教师要关注学生的心理健康和成长需求，关心学生的生活和学习情况。其次，教师要尊重学生的意见和建议，倾听学生的心声，帮助学生解决学习和生活中的问题。同时，教师要注重与学生之间的沟通和交流，建立良好的信任关系。最后，教师要注重培养学生的学习兴趣和爱好，激发学生的创造力和想象力。

综上所述，要实现物理高效课堂的基本前提包括遵循课堂教学规律和转变学生学习方式。教师需要了解学生的学习特点、习惯和兴趣，合理安排教学内容，运用适当的教学方法，同时鼓励学生自主学习、倡导合作学习、注重探究性学习，以实现物理高效课堂的目标。只有这样，才能培养出具有创新精神和实际能力的人才。

第三节 物理高效课堂实施策略

一、"点"的掌握

（一）重视课堂准备环节

一节高效的物理课离不开课前的精心准备，无论是教学设计、学情分析还是实验的准备，课堂准备涉及课堂进行过程的方方面面。课前准备一般由教师备课和学生预习两部分组成。

对教师来说，在教学前要有充分的准备和精心的设计，备课不仅仅是写教案，而且要通过学情分析对所教班级学生的基础、能力、前概念等情况有足够的了解，知己知彼，才能百战不殆。学生每天都在成长，各方面状态每天都处于变化中，教师对学生情况的掌握也应该是开放的、动态的、及时更新的。

随着科学技术的发展，时代要求物理教师具有更高的职业素养、更快的知识更新速度。在课堂准备环节，教师要及时充实和更新自身的知识储备，自身有"一桶"，才能给学生"一碗"，精深、广博的知识是物理教师教好课的基础。其次，在课堂教学前，对教材进行二度开发，合理地选取和编排好知识点是上好课的重要前提，即在研读课程标准、教学大纲和教材的基础上，以教学目标为准绳，以教材内容为基础再度整合各种教学资源，并根据班级学生具体情况，因材施教，努力完成知识点的教学任务，合理安排各项能力点的训练。在考虑对学生非智力因素点的培养时，还需要事先了解班级文化、学生的性格、兴趣爱好、思想状态等。在此基础上，才能进行进一步的教学设计。

对学生来说，预习是课堂知识准备的重要途径。通过预习，能够让学生对本节课将要习得的知识内容和学习新知识所需的知识基础，做到"心中有数"。并在预习笔记中适当记下不理解的疑难问题，圈画出难以理解的内容。也可充分发挥导学案的作用，导学案是帮助学生课前预习的有效途径，可在导学案中开辟专门的预习板块，引导和帮助学生有效地进行预习。

所以，每节课前的准备情况对课堂的高效性有着较为重要的影响。高效的课堂离不开充分的课堂准备，课前有充分的准备，才会有助于课堂教学中三维目标的达成。

（二）画龙"点"睛，让学生明确重、难点，顺利掌握重、难点

通常一节课中不是所有的知识点都同样重要，针对不同教学内容，对各项能力点的训练也应各有侧重。如果面面俱到平均用力，反而会影响高效课堂目标的达成。不少学生在课堂学习时并不清楚本节课的重、难点，这样会使得他们不明白什么时候要重点听讲、什么时候要"特别注意"，影响学生自主地分配课堂学习的精力，也影响学生对知识点整体结构的形成。在课堂中，教师可以通过画龙"点"睛式的讲解，让学生明确学习的重、难点，了解到学习这部分知识的重要性，引导学生在学习中更好地克服难点、掌握重点，有助于培养他们学习的条理性，也有利于学习效率的提高。

例如在学习"曲线运动"时，应使学生明确本节课学习的重点是：

（1）什么是曲线运动？

（2）如何确定物体做曲线运动的方向？

（3）物体做曲线运动的条件是什么？难点是：物体做曲线运动的条件。

这样，学习的重、难点一目了然，使学生在学习中学会"有的放矢"，可以提高学习效率。

（三）注意知识点的归类和梳理

在教学实习中笔者发现，有的教师在布置练习时，对一些简单题目也会要求学生多次反复练习，造成习题的训练效率不高。物理一节课知识点较多，应该将练习任务按知识点分层、归类，指导学生对其进行归纳和梳理，有利于学生形成清晰的知识脉络和结构，便于他们对知识点的掌握。

认知心理学派将"知识"主要分成陈述性知识（概念、定理、规律、定律等）和程序性知识（动作技能、智慧技能、认知策略等）。对知识进行分类，有助于知识的理解和应用，对物理学科教学设计和学生的学习都有一定的意义。无论是在知识的理解、巩固与记忆还是应用过程中，对知识点进行适当的归类和梳理，便于知识在学生头脑中的管理和提取，更能帮助他们有效地达成教学目标。

（四）合理进行能力点的训练

物理课堂的能力点，是指学生应该掌握的物理基本技能，以及运用物理基础知识、原理和规律处理实际问题的能力，包括物理想象能力，物理思维能力，观察、实验能力，物理运算能力、运用物理知识和方法的能力等。同时，依据能力点对学生进行训练，也使物理课堂能力的训练具体化和明细化、便于量化和考核。

在进行教学设计时，首先应该明确本节课的能力训练点，根据不同的教育内容

安排相应的能力点训练，把对学生能力的培养建立在对知识的掌握和理解基础上。其次，可以通过能力点为中心设计和组织知识点，使得知识点和能力点相互融合、相互渗透，实现以能力培养为主线的高效课堂教学目标。另外，能力点的训练要以"必需、适度"为原则，制定目标要合理、适度，不宜给学生造成过重的负担。

二、"量"的控制

（一）针对不同基础和能力的学生，选择合适的"知识量"

整体来说，课堂中教学知识量的多少取决于教学目标和要求以及学生的实际情况等，教学知识量的选择要以全班绝大部分学生都能完成并达标为标准。当然一个班的学生基础和能力不尽相同，就一定的知识量而言，对学习能力强的学生，一般只需要较少的时间就能掌握，课堂教学的容量就可大些，而对学习能力弱的学生则需要更多的时间，课堂教学的容量就不能太大。由于课堂时间有限，教师要能够做到针对不同基础和能力的学生，弹性化地选择合适的知识容量。如何更加科学地安排课堂教学的容量，还需要进一步的探究，但是课堂中可以给学生留有自我调节、自主安排学习的时间和空间。例如，可以在导学案或者讲义上设计出针对不同层次学生学习的内容和要求，这样不仅有利于好学生的发展和一般学生的达标，也有助于他们学习自主意识和自觉性的养成。

（二）针对不同教学内容，确定合适的"练习量"

体育教学中，在一定范围内，减少学生的训练强度，会使其训练量增加。同样道理，在物理教学中，学生的学习效果也跟教学内容的难度、练习的强度有关，一般情况下，一堂课中，知识的难度越大、对思维的要求越高，学生能完成的练习量就会越少。当然，这只是实践中的经验总结，笔者没有涉及这方面更严密的论证。但是课堂中，教师应该把握好教学内容难度、练习强度和练习量之间的平衡，在重视练习方法的同时，也要注意练习量，要注意把对各项"点"的练习建立在合理的练习量上。

（三）针对不同课型和要求，安排合适的"探究量"

根据教学的主要内容，可以把物理课分为：物理概念课、物理规律课、物理习题课、物理实验课、物理复习课等不同课型，但不管什么课型都应该贯彻新课改理念，教师要尽力创造条件，让学生亲历获取新知识的探究过程。虽然每种课型各有特点，教学程序和要求各不相同，学生经历的探究过程和侧重点也不同，教师应该针对不同的课型，安排合适的探究量。

三、"度"的把握

（一）教学任务应难易适度

高效的课堂必须选择难易适度的教学任务。"度"的把握应该使得尖子生"吃饱"，中等生"吃好"，后进生"吃得了"。如果难度太大，教师在课堂中难免"曲高和寡"，大部分学生知识和能力不能达到，易产生挫败心理，长此以往会挫伤学生的自信心、降低学习的积极性；有的学生由于听不懂，还会把注意力转移到其他地方，影响课堂纪律，不利于课堂管理。如果难度太小，又会导致大部分学生"吃不饱"，不能充分发展学生的各项能力，也不利于课堂效率的提高。课堂教学的难度既要面向大多数又要有一定的挑战性，要以能使班上大部分学生通过努力会正确理解和掌握为度。难易程度的把握，主要有以下的依据：

1.教学目标

教学目标，是课堂的风向标，为课堂教学的进行指明了方向，教学的难易程度应以教学目标为准绳、受教学目标的约束，所以教师要在教学目标的指引下确定适合的教学难度。

2.真实的课堂情况

教学目标只是预设，遇到实际的课堂情况时，还要审时"度"势，作出相应决策来调整教学难度，教师应该根据课堂情况弹性地做出判断。比如，对一个知识点当大部分学生不能掌握时，可以适当降低教学难度；而当大部分学生能够比较轻松地掌握时，可以适当提高教学难度。也就是说，课堂教学难度是可以视教学的具体情况而随时"升降"的。

比如在课堂练习时，教师可以对练习难度进行弹性化的设计，具体做法是给练习题目标上A、B、C、D等级，A类题目是有关基本概念基本定律的理解和掌握；B类题目是在A类题基础上增加适当的思考性和综合性；C类题目思考性和综合性较强，可适当选择高考题；D类题目是难度较大的问题。让学生清楚不同练习的难度不同，再根据教学具体情况和具体学生的情况，作出差别化的要求，用这种方法适当升降课堂练习的难度。

（二）有效提高课堂互动度

高效的课堂，离不开学生的积极主动参与；高效的课堂应该是教学秩序良好，全体学生（达到或接近100%）主动积极学习的课堂。

1.真正转变传统教学方式，提高课堂中学生主体参与程度

调查发现，现阶段常态的物理课堂中，较多情况下学生还是以被动听讲为主。

说明不少教师在实际教学中并没有真正转变教学方式，学生的主体地位没有得到应有的重视。应该认识到，在教学实际中真正落实新课改理念并不能靠纸上谈兵，喊喊空口号，而是要切实落实到每一堂课，要真正提高学生的主体地位，重视学生的感受和体验。多一些探究、少一些灌输；多一些学生展示自我的机会，让学生动起来，动手、动脑、动嘴，少一些机械练习；多一些师生、生生的互动，少一些枯燥的讲授。

2.精心设计，彰显课堂的精彩，激发学生主体参与热情

提高课堂参与度的一个重要途径是有效地激发学生的参与热情。对学生参与程度不高的课堂，教师应该反思自己的课堂是否足够精彩，有没有足够地吸引学生。不是所有的学生一开始就喜欢物理，高二年级以后部分学生选修物理是受其他因素所迫，没有热情、趣味平平的课堂很难引起学生的兴趣。精彩的课堂设计，可以从各个环节入手，如讲授时多一点生动和幽默，语气多一点抑扬顿挫，多引用一些生动形象的案例等；又如足够丰富的多媒体资料，课件材料制作得精美；再如实验现象明显，能带给学生较强烈的感官刺激；合作探究过程具有有挑战性，多一些竞技色彩，调动学生的好胜心理；课堂要足够有趣等。在这方面值得教师反思的地方很多。

3.创设认知冲突，迸发思维火花

皮亚杰认为，认知发展是从平衡到不平衡、再到新的平衡的过程。教学过程中的认知冲突，能引发学生认知心理的不平衡，有效激发他们的好奇心，产生解决这种冲突的动机，从而实现认知的发展。课堂中认知冲突可以产生于学生易错处、教学环节的关键处、学生新旧知识的联系处等，可以是新授知识和学生前概念之间，也可以是不同学生之间，甚至可以是师生之间认知的冲突。可以存在于课堂的各个环节（导入、新授、应用、总结），也可以存在于各类课型（概念课、习题课、规律课、实验课等）中，关键要靠教师去充分挖掘和设置。创设认知冲突，冲击学生的固有认识，与他们的已有经验"背道而驰"，可以激发出思维的火花。让学生在怀疑、困惑、探求、辩论、恍然大悟中，体验高效课堂的精彩。

4.为学生主体参与课堂提供时间和空间

学生课堂参与需要足够的时间和空间，如果过于匆忙，会使学生课堂参与得不够深刻，失去了教学设计的初衷，达不到应有的效果。为了确保学生主体参与课堂有足够的时间和空间，可以从以下方面入手：

（1）对教学环节适当删繁就简，在突出主要知识点和能力点教学的前提下精选教学内容，将教学设计得"简洁"一些，充分考虑课堂生成的可能性，为学生参与课堂留下足够的时间和空间。

（2）教学设计改线性设计为模块设计，给学生主体参与课堂留有更大空间。教案一般是线性流程，教学时教师按照设计一步一步往下走，但这样的设计，使得教师和学生的行为被限制在狭窄的框框内，容易扼杀学生思维的其他可能性，束缚了课堂的生成。教师在教学设计时可以把一节课分成若干教学模块，每个模块有其核心任务和知识点、能力训练点，让教学活动围绕一个个模块进行。

（3）教师要有意识地控制自身在课堂上的讲授时间，课堂上尽量少讲一点，只讲超出学生能力范围的、"不得不说"的，要多留给学生自己参与的机会，多组织一些师生之间、生生之间的讨论和交流。

提高课堂互动参与程度，还需要帮助学生排除来自生活、社会交往等课堂以外其他因素的压力和干扰。比如学生家庭出现矛盾或自己生活学习中存在困难或同学之间闹小别扭等，都容易导致学生第二天上课注意力不集中，影响课堂的主体参与效果。

四、"法"的运用

（一）从生活实际出发，紧密联系学生生活

体验教学中，教师应充分运用各种校内和校外资源，学生的生活和社会经验，想方设"法"，发挥教学机智。从生活实际出发，挖掘身边新闻、报刊、网络上学生感兴趣的教学资源，比如体育赛事、社会新闻等，都容易使学生进入具体情境，促进学生思考并解决问题，帮助学生加深对知识的理解，培养学生从生活中发现知识、运用知识的能力。

（二）开放课堂，坚持合作探究的教学方法

自主、合作、探究是新课改提倡的学习方式，也是一种有效提高课堂效率的教学方法。小组合作学习作为探究性学习的主要组织方式和基本活动形式，近些年来也被频频运用到物理教学之中，但在实践中效果并不如预设的理想，常常流于形式、达不到预期目标。有的教师因觉得探究过程耗时耗力，甚至在平时教学中弃之不顾，只在公开课上拿出来。课堂中，教师如何更为有效地引导学生自主、合作、探究学习，笔者认为需要注意以下几方面：

1.注重课堂组织和管理的方法

教师是课堂的引导者和管理者，在课堂教学中起着重要的主导作用，能否扮演好这一角色对教学效率有着至关重要的影响。如果不能有效地管理课堂，一到合作、探究环节就容易场面"失控"，最终闹哄哄地收场，探究过程并没有产生太大的实际效果。课堂合作、探究，好比一场交响音乐会演出，教师要扮演好总指挥的

角色，要善于驾驭课堂，在做好指导工作的同时，自始至终注重课堂组织和管理方法，既不是信马由缰、放任不管，也不是过分管教、束手束脚，而是要有张有弛，注意条理和节奏，选择合适的时机和方法，营造争鸣、互动的氛围，激发学生主体参与的热情。

2.启发、引导得法

学生的探究需要教师的启发、引导。合作、探究教学不能简单地把器材丢给学生，放任学生自己去探究，那样的话恐怕很多学生会一无所获。学生不是天生就会科学探究方法的，课堂中应充分发挥教师的启发、引导作用，在教师合理、巧妙的启发和引导下，大部分学生才能掌握科学的探究方法，进行有效的探究。所谓"不愤不启，不悱不发"，教师应注意启发的时机和方法。此外，合作的精神需要教师的引导。不是每个学生一开始都善于沟通、善于合作或者适应通过交流合作方式来学习的，也不是每个小组一开始都能合作出有效的成果来的。怎样培养学生的交往能力、合作精神，使在小组活动中愉快地合作，顺利地完成探究任务，也离不开教师的合理引导。一个班级之中，每个学生都会有特长，教师要对学生的特点扬长避短、引导得法，使他们能切实体会到自身在团队中的作用，与其他学生建立信赖和互补的合作关系，进而与同伴进行有效的合作、探究活动。

3.整合教学资源、选用合适的教学内容、采用合适的教学模式

首先要选择适当的教学内容让学生来探究。合作、探究作为一种教学方法，不是适用于所有教学内容的，教师应该对能够让学生探究的教学内容进行合理的选择。其次，要采用合适的教学模式，进行合理的教学设计。

例如，将线性教学设计变成若干模块。这些模块可以辐射整堂课，有效地统领学生零散的思维。削减了琐碎的提问，拓宽了学生观察、领悟、动手、交流的空间，在每个模块中，不需要纷繁的头绪，也不需要生硬的说教，给师生活动留下了很大的灵活性。教师的教学会因此变得更富有弹性，便于根据教学中的生成情况来及时、合理地调整自己的教学行为。教师应避免作茧自缚，处理好预设与生成的关系，进行合理的教学设计，简化教学流程，这样，在课堂中才能卸下重重的累赘，使教学机智发挥自如；学生才能摆脱层层束缚，张扬个性，达成课堂高效的目标。

还可以采用以设置问题为主线的教学模式，以问题引导整个合作、探究教学的进行。在问题的指引下，教师的指导下，学生自主学习、开展讨论和展示交流，在解决问题的过程中获取知识、提高能力和发展思维。通过问题链串接教学的各个环节，又通过系列性问题，把课堂打造成有层次的整体。设计问题要紧扣学习主题，考虑到学生思考问题的心理因素，提出问题后要有等待时间，给学生以足够的思考。

总之，要把学习的主动权还给学生，把发展的自主权留给学生，教师给予一定指导，引导学生自主探究，从而最大可能地提高课堂教学效率。

4.良好的课堂探究能力和习惯需要长期的培养和坚持。

传统课堂中，很多学生长期处在"饭来张口"的状态，习惯于被动接受知识的他们，对教师的依赖性已经养成，甚至"根深蒂固"，让他们自己去探究，好像让一个习惯靠别人搀扶才能走的孩子让他立马独立去"跑"一样，难免会频频摔跤。其实，当代的学生并不缺乏探究的潜能，而是缺少良好的习惯，而习惯的养成不是一蹴而就的，不能"三天打鱼两天晒网"，需要教师长期的培养和坚持。教师要制定长期的方案，注重合作探究式教学，提高自身相应的教学能力和水平；学校要建立激励机制，提供相应体制保障，鼓励课堂合作探究的形式系统、持续地进行下去。

（三）教学方法应具有灵活性和多样性

教师在教学设计时会根据预设选择教学方法，课前充分的准备、详尽的安排、周密的计划，但这只是想象中的情况。教师面对的是变化着的课堂，不能心中只有设计好的固定的教法。遇到具体情况或突发状况时，不必拘泥于课前的预设，可以充分发挥教学机智，动态调整、灵活选择真正适合当时情况的教学方法。如果一味地按照预设进行教学，"按图索骥""生拉硬拽"，就容易忽视课堂的真实性，忽视学生的主观能动作用，必然会造成教学效率的低下。比如，在讲授"电磁波"时，原来设计的是讲授法，但具体情况是下午学生刚上完体育课，如课堂以教师讲授为主学生就容易走神，可以灵活改成读书指导法、讨论法、案例教学等方法，则会提高教学效率。俗话说得好"教无定法"，只要能让学生学好的方法就是好方法。还有在授课的一些细节上也可运用灵活的方式进行处置，比如，有的教师在讲台上讲解例题时，发现有学生没有抬起头来看黑板，就会停下来，直到那些同学抬头看黑板，还要批评教育一番才肯罢休。实际上，有的学生可能已经领会了老师讲解的内容而并不是开小差，教师这种处置的方法可能既会耽误全体学生的学习时间，还会流露对学生的不信任；教师实际上可以用简单语言提示一下，或利用课堂中小组活动的时间或者课后进行个别交流，在了解情况后再作指正。

心理学研究发现，新颖的东西和形式能激发兴趣，吸引人的注意力。教师在教学中要做到教学方法多样，就要适当创新教法。创新教学方法可以借助于先进的教学辅助手段，信息化教学手段的运用、多媒体教学手段的参与，可以帮助教师实现教法创新。例如：在讲授"弹簧的弹性势能"时，一般教师都是采用实物演示和板书板画的方式，但是往往实物教具对弹簧细微形变所产生的弹力变化不够明显，学生难以观察，板画又比较抽象，难以让学生理解，如果运用多媒体软件将弹簧形变的各个过程进行细致地模拟，通过这样的方法分析弹簧各种形变情况下的弹力和弹性势能大小，教学的形象性、生动性明显提高，学生对整个过程也会理解得更为透彻，学习效果大大增强。

（四）帮助学生掌握良好的预习、复习方法

首先要告知学生预习的重要性，预习可以事先知道哪里不懂，哪里对自己来说是难点，在上课前就做到心中有数，听起课来才会更有效率。其次要帮助学生掌握良好的预习方法，预习不是泛泛地看看书，而是要认真研读新的教学内容，重温并掌握即将要学习的新知识所需要的数学和物理知识基础，还要做好预习笔记，将预习中的问题记下来作为下面听课的重点。在有条件的情况下，教师可以向学生提供预习提纲或导学案，让学生明确预习的要求。另外，在新授课前教师也可利用适当的形式检查学生的预习情况。

复习是学生巩固和应用所学知识的重要环节，学生复习也存在方法是否得法的问题。这里提出几点物理课后的复习策略：

1.复习要有计划

随意的复习达不到应有的效果，复习应有计划，可以制定复习时间表，根据人脑记忆遗忘曲线，复习应安排在合适的时间内及时进行。

2.复习要有侧重

复习既是对已学知识的巩固和强化，也是对以前学习薄弱环节的修补，物理课堂容量大、范围广，复习时平均用力不可取，因此，要突出重点、攻克难点、修补弱点、澄清疑点，方能有效提高复习效率。

3.教师要适当进行课后辅导

由于课堂讲授内容是一定的，但是一个班学生的基础、能力各有差异，一堂课下来对所学内容，有的学生可能并没有完全掌握，有的学生不仅掌握而且想更进一步深入学习，这样的矛盾可以通过课外个别辅导来缓解。教师可以利用课后时间，针对部分学生因材施教、进行个别辅导，这样才能大面积提高教学效益。

4.灵活应用是复习的最终目标

复习的最终目标是要达到对知识的灵活应用，在复习时，要让学生多加强对知识的练习和应用，可以增加学习深度，巩固复习效果。

5.拓宽复习途径和形式

例如，可以通过概念图、思维导图，也可以运用多媒体、网络等信息化手段，

还可以通过开展课题研究活动等方式对所学知识进行复习巩固和强化。

（五）发挥实验法在课堂教学中的重要作用

物理学是一门实验科学，实验法在物理教学中占据着重要的地位和作用，它使教学过程更生动、形象、有趣，能帮助学生突破教学重、难点，教学的感染力常常比语言、文字来得更为强烈，容易给学生留下深刻印象。通过实验过程获取的知识，由于经过学生手脑并用，学生受到的感官的刺激更加丰富，常常在学生头脑中保存的时间更长，不易被遗忘。相比于初中物理，物理实验对学生思维能力的要求更高，需要教师充分发挥实验教学的作用，整合教学资源，在实验过程中注意启发和引导，在探究的过程中使学生的思维更具深刻性和创造性。

五、"情"的培养

（一）关注学生的课堂体验

传统课堂教学过分注重知识的传授和技能的训练，而忽视了学生情感的培养，造成了学生很多消极的感受，不利于他们情感、态度、价值观的形成。要想达成建构高效物理课堂中"情"这一维度的目标，必须关注学生的情感体验，了解学生的情感需求。情感不只是热情、兴趣，更强调心灵的体验和所形成的丰富的内心世界。

关注学生的课堂体验是课堂情感培养的基础。课堂上未能以情动人的原因，常常在于教师没有设身处地地关注学生的情感体验，没有站在学生的角度思考问题。通过关注学生的情感体验，让学生意识到自己是课堂的主人，有利于培养学生的主体意识，有助于学生学习热情的激发，常常比教师刻意的"调动"和"培养"更为有效。关注学生的课堂体验，有助于师生间的有效沟通和交流。多关注学生的学习体验，就不会有空洞的讲解和苍白的对话，也会使教师及时接收到真实的教学反馈，认识并及时纠正自己教学中存在的问题，就会使课堂更加生动活泼，教学过程更加人性化。

关注学生的课堂体验体现在教师自身要投入真情实感，多用移情、换位思考，站在学生角度考虑问题，尊重学生的个性，尊重学生的人格，尊重学生的自尊心。关注学生的课堂体验还体现在关注学生的心理变化，学生的表情，时刻反映着学生的思想和情绪变化，一个皱眉、一个眼神都在传递着与课堂教学相关的信息，教师要善于从学生的表情、动作和神态这些细节中捕捉教学反馈信息。学生回答问题时，教师要用眼睛注视着正在回答的学生，在捕捉有效反馈信息的同时，更传递着对学生的关注和信任，表达对学生的尊重。同时，还要对学生的表现给予及时的恰如其分的评价，要多用鼓励的眼神、热情的微笑、点头赞许等体态语言来表达认同和理解。还应该尽量避免针对个别学生的负面评价，防止伤害其自尊心，可以采取对事不对人的批评教育方式，批评某种行为和做法，而不是让某个学生"长记性"式的难堪。这些方面都注重了，长此以往，学生自然乐于主动参与到课堂中来，同时也会受到良好的情感体验。

（二）建立和谐的课堂人际关系，营造良好的课堂氛围

达成物理课堂"情感、态度、价值观"的目标，需要建立尊重、信任的课堂人际关系，营造和谐、民主、合作、上进的课堂氛围。《学记》有云："亲其师而信其道"，调查发现教师与学生的关系会影响学生的学习兴趣和态度。新课程观中，把教师角色理解为"平等中的首席"。教师要摒弃"师道尊严"的传统观念，营造亲切友善的课堂氛围，不要让学生在课堂上觉得过于紧张。当气氛愉快而随和，答错问题不用担心受责备，不会感到忐忑和困窘时，学生才能各抒己见，大胆地发表自己的见解。教师尊重学生，学生也会爱戴、信任老师，师生间逐渐建立彼此尊重、信任的关系，促进形成良好的课堂互动，从而必然会提高课堂效率。

此外，要注意评价的方式方法。要结合学生的心理特点，改变传统课堂中教师强势批评甚至训斥的作风，教育方式要委婉、间接，要以鼓励为主，晓之以理、动之以情，维护好学生的自尊心和自信心，避免让学生产生消极、反叛、敌对的情绪。

（三）端正学生的学习动机

学生的学习动机是在社会环境和教育的影响下形成起来的，是促使一个进行学习的个体主动为自己确定学习方向和力度，并对学习过程进行深化、调整、控制的原始推动力"。学习动机作为"情感、态度、价值观"的一部分，对课堂效率有着深刻的影响。

1.明确学习的目的

很多学生不能认真、勤奋地学习，原因之一就在于没有足够的学习动力。当代绝大多数学生在物质上并不缺乏，但在精神层面上存在不足，有些学生常常没有认识到学习的重要意义，缺乏对知识的敬畏和信仰，缺乏克服困难的勇气和毅力。学习没有动力，遇到困难就不能顽强克服、坚持到底。鉴于此，教师要从多方面通过多种渠道对学生进行教育，启发、引导他们明确学习的目的和意义，端正学习动机。

2.积极的心理暗示

心理暗示，是指教师用间接、含蓄的方式，对学生的心理和行为施加影响，是

课堂中影响学生的另一种方式。根据心理学中"罗森塔尔效应"，教师对学生的期望会影响学生的自我评价和自信心，如果教师对学生施以积极的心理暗示，向学生传递自己的期望和信任，学生就会倾向于认为自己能够学好，行为上也会向积极的方向发展。

教师教学中可用积极的语言进行暗示，利用潜意识对教学的辅助影响作用。例如："大家说这位同学的回答好不好？好！其实啊，学好物理就是这么简单！""同学们能考上，说明你们是很聪明的，以你的能力把物理学好是不成问题的！""看！我们的生活中到处都是物理知识，物理是不是很有趣啊？""这个问题是很有难度的，但是，如果我们掌握正确的方法，是一定能够解决的。""试试看，你一定能行。"教师多表达对学生的期望，提高学生的自我效能感，使他们对自我的期望值提高，遇到困难更能有毅力去理智地分析处理，减少自暴自弃的想法，更乐于迎接挑战，充分地施展自己的智慧和技能。教师还可用自身高涨的情绪、热情的话语、充满活力的体态语言，来鼓励学生，增强他们的自尊心和自信心。这样，学生就会愿意学习、乐于学习。

此外，作为物理教师，还可通过挖掘物理课堂的人文价值和社会价值、渗透物理美的教育、利用物理学史的作用等多种途径，强化学生的学习动机，激发学生的学习兴趣，促进学生自觉主动地学习。

（四）开展丰富的课外实践活动，激发学生的学习兴趣

课外实践活动是课堂的延伸和补充，合理安排与学科相关的课外活动，一方面可以增加学生动手操作的机会，有助于丰富学生相关学科知识，增强学生对课堂所学知识的直观感受和理解；另一方面，通过课外活动，增加师生间接触、交流的机会，有助于培养师生感情，给学生带来积极的影响，也能有效地激发学生的学习兴趣。

在课外实践活动中，让学生接受历史和文化的熏陶，可以增强学生的感性认识，丰富学生的学科知识。比如，参观名人故居，像东南大学的吴健雄纪念馆，让学生走近本乡本土的物理学家，感受他们勤奋刻苦的学习精神和严谨认真的科学态度。学生容易受榜样的影响，教师要赋予物理学家"榜样的光环"，向学生展示他们的成就和奋斗历程，利用物理学家的榜样作用，激发学生学习物理的坚强意志，使学生被物理学家不屈不挠的探索精神所折服，油然生出钦佩和敬意，增强克服学习困难的信心和勇气。还可以通过举办学科知识主题研讨会、科技节的方式，从日常生产、生活入手，让学生了解和体验物理知识的普遍存在和广泛应用，并以调查报告的形式，在班级、年级或全校范围内参加评比，将优秀作业和成果公开展示，

给予一定的鼓励。例如让学生在爬楼梯、骑自行车的过程中"寻找摩擦力""寻找弹力"，在坐过山车时"体验超重和失重"；又如在以"手机"为主题的活动中，让学生搜集材料，自己设计实验，进一步了解电磁波的原理和应用；再如在"家电大卖场"主题活动中，让学生去附近的家电卖场了解洗衣机、电视机、空调等常用家电的规格和功率和使用性能，直观地感受电学知识在日常生活中的应用。还可以组织学生观看科技电影和展览，到附近的高校去听科技讲座，陶冶科学情操，培养科学态度和科学精神。这些活动都有利于学生良好情感、态度、价值观的培养和形成，反过来对课堂教学效果的正面影响也是比较深远和持久的。

高效课堂的建构，关键在于教师。教师要不断学习新的理念和方法，关注最新教改动态，提升自身的理论水平和教学实践素养。努力做研究型教师，坚守在教改一线，不断进行课后反思，研究教法和学法，改进教学，提高教学水平。

第四章　基于导学案的物理高效课堂构建策略

第一节　相关概念和教学理论基础

一、导学案的概念及特点

（一）导学案的概念

导学案与学案二者没有明确的界定。现代课堂教学追求的是"以生为本"的课堂理念，但是课堂教学仍然是教师与学生的双边活动，学生只有在教师的引导下才能更好更快地发展。导学案这个词相比学案更能体现出教师在课堂教学中点拨和指导的作用，从这个意义上来说，笔者认为"导学案"一词更加恰当，因此在本文论述中统一使用"导学案"这个词。

关于导学案的概念，主要有两种观点，一种认为导学案是学习方案。另外一种则认为导学案不仅仅是学习方案，更是一种学习的材料和资源。对于这两种观点分别有不少学者作了相应的阐述，例如有学者提到导学案是教师在充分了解学情、课标、教材的基础上，为学生设计的引导学生自主学习的方案。学案是为了引导和帮助学生学习而编写的一种学习方案。学案以学生为主体，引导学生主动学习，由师生共同参与并设计的学习活动方案或一系列学习事件的总和。以上学者的论述都秉持第一种观点，而关于第二种观点有学者认为导学案即以预习稿、导学稿、导学卡片、讲学稿、前置性学习、学习单、任务单、自主学习文本、小组讨论材料、例题案等多种理论称谓为主要特点的课程资源或文本材料。学案是教师结合学情、教材和其他资源的基础上，以课时为单位编制的具有教学合一功能的学习设计方案。

从以上这些论述来看，把导学案单纯定义为学习方案或是学习材料都是不完整的。学生与教师在课堂上是以导学案为载体进行交流，它是一种"学导方案"，同时导学案是备课组结合教材和教辅资料精心编写，并依据当前科技生活作适当拓展，教师再依据学生需求做调整，鉴于这一点，导学案可以是适合学生个体需求的文本资料。

（二）导学案的特点

导学案在内容上能够呈现出学习目标、学法指导、知识链接、探究学习、巩固练习等相关内容，为学习者提供了学习和思考方向。学生通过导学案上的学习目标和重难点可预先了解该堂课的学习方向和任务，不再是对课本的泛泛阅读。学生独立完成导学案上的知识整理部分，可初步锻炼学生将课本上的知识整理归纳从而形成完整的知识体系的能力。导学案中问题式的探究环节能够起到"以问拓思、因问造势"的效果，引导学生从各个问题中掌握设问想要表达的真正内涵。在探索整理的基础上，再利用针对性习题以达到巩固知识的目的。最后，通过开放性拓展学习，有利于学习者学习能力和科学素养的提升。

导学案在形式上能够凸显以学生为主体，教师起引导作用的教育教学理念。在课堂上，学生的学与教师的教以导学案中的问题为纽带实现互动，形成一个互动性、探究性的课堂。波利业曾说过："在学生思想的产生中，教师只是一个辅助的作用。"[①]教师在利用导学案教学的过程中，教师负责提问和组织课堂，用问题来串联课堂各个环节，督促学生的学习紧跟步伐，学生是解决课堂问题的主角。大量实践经验表明，只有学生自发地学习，教师的教才能起作用，若没有内在因素，那么外在的教将效果甚微。教师利用导学案可调动学习动力，发挥内因作用，学生依靠导学案这种学习模式，可逐步培养其自主学习能力，进一步提高课堂效率，这符合哲学中的内因是决定因素的理论。

（三）导学案的设计

要想使用核心素养背景下的物理概念导学案进行课堂教学，必须从整体去考虑然后根据情况进行具体设计。设计好适用于所教学生的物理导学案，是教师使用导学案进行教学的质量保证。在设计核心素养背景下的物理导学案之前要了解所教班级学生整体的身心发展特点，通过日常的教学了解学生的认知水平，并以《普通高中物理课程标准》的要求为基础，将学生将要学习的物理知识内容放在合适的教学情境当中，要充分展现学生作为学习主体的思想，起到教师的引导作用，进而设计出适合所有班级学生的物理学习方案，实现对学生各项物理核心素养的培养。

1.物理导学案的前期设计准备

（1）关注《普通高中物理课程标准》的要求和搜集导学案的资料

进行实践教学的物理教师在设计核心素养背景下的物理导学案之前必须知道什么是物理学科核心素养。熟悉并深入了解《普通高中物理课程标准》对此章节的培

---

① 孔凡哲.导学案与先学后教异化现象及其问题诊断[J].语文学习，2012（11）：79.

养要求。为导学案的设计指明方向。搜集培养学生核心素养的期刊和导学案。在加深教师自身物理专业素养和导学案的理论基础上，同时转变之前的教学观念，要明确谁是学习的主体。从物理学科核心素养上所细分的每一项进行思考。比如怎样促使学生形成正确的物理观念。在搜集有关的期刊材料时，并不一定仅仅局限于物理相关的资料。在时间允许的条件下，整理其他学科的核心素养导学案，博采众长，取长补短，从而设计出更好的物理导学案。由此可见，在核心素养背景下的物理学案之时，导学案的知识储备工作是其中的重头戏。所以前期准备工作要做好。

（2）学情分析

在教师讲课之前必须明确学生的认知水平、自主学习的能力、物理学科的学习兴趣和爱好以及物理前概念等。根据学情分析教师大概了解学生的整体学习情况，再以此为根据设计有特色的、适应本班级的核心素养背景下的物理导学案的教学内容。接着，教师要仔细钻研教学内容，包括知识点之间的区别和联系等等，根据维果茨基的最近发展区，了解学生现有的掌握物理知识的水平，和经过他人帮助可能要达到的物理知识水平。为导学案的设计提供准备。

（3）创设教学情境

核心素养背景下物理导学案的情境的创设，为学生建构了物理知识的文化背景。有目的性的教学情境问题能够激发学生思维，使学生主动利用原有的知识，尝试着去解决情境中所出现的物理问题。而此时学生脑海里已储备的知识和经验不足以解决在此情境下的问题，这样的物理情境引起了学生新的物理知识和旧的物理知识方面的冲突，进一步激发学生迫切学习的欲望。所以要创设学生生活中与之密切接触的教学情境，从生活中的场景切入，教学过程要连接紧密流畅，培养学生观察物理问题的敏锐性，主动发现问题，产生疑问，然后自主探索物理问题的习惯。使学生感受到从生活中走向物理的乐趣。逐步养成自主学习的能力。

2.物理导学案的设计要素

以培养核心素养为主要培养目的的物理导学案主要分为以下七个要素，即①核心素养目标；②课前预习；③情境导入；④合作探究；⑤基础训练；⑥拓展提升；⑦反思总结。

物理导学案的主题模块是这些，当然在具体设计和使用的时候可以根据学校的教学设施和学生学情做出因地制宜的调整。

（1）物理导学案中将学习目标是以培养学生的核心素养为主要宗旨。在此宗旨下，对所要培养的每一个方向都进行了具体划分。这样不仅让教师的教学有明确的指向，也使学生的学习也有清晰的定位。对每一节课的学习目标都进行具体的要求，使得教学效果可测、可评价。教师依据课程标准中的课程相关内容，评价和建议结合学生的特点以及最近发展区，设计教学目标。

核心素养背景下的物理教学目标是串联导学案各个要素的纽带，起着调控、监测、导向的作用。它不仅使导学案各个要素紧密地结合成一个整体，而且使每个要素之间具有逻辑关联性。教学目标是教师进行教学学生学习的指明灯，教师根据教学目标确定教学任务，合理组织教学材料，制定教学计划。学生根据教学目标的导向作用，确定本节课所要掌握的物理知识点，合理安排学习计划。

（2）"课前预习"旨在引导学生进行高效的预习，同时对本节课的知识点进行梳理，巩固学生课前预习的成果，预习效果进行检验。将重点难点在核心素养背景下的导学案中进行明确展示。在使用物理导学案进行实践教学时，课前自主预习环节是一项不可或缺的关键步骤，教师必须协助学生做好课前自主预习，这关系着课堂教学过程中学生的学习效果。恰当设计物理导学案的课前自主预习的模块，其一是能帮助学生在课前整体上对这门课知识点有清晰的认识，学生自主解决一些比较浅显的物理问题，进而引导学生尝试利用身边的有效资源自主进行解决物理问题，发挥物理导学案对学生解决生活中物理问题能力的培养；其二，课前预习也为学生提供了建构新旧知识的情境，有助于学生建立起对新知识的自己的理解，进一步培养学生的自主预习能力，提升学生主动合作交流的能力。课前预习是培养学生物理核心素养前奏，对完成物理学科核心素养的培养起着承前启后的作用。

学生在学习物理知识时更多的是运用他们的逻辑思维能力，对学生形象思维能力的锻炼与中学物理相比占的比重比较小。大量的物理概念和物理意义需要理解和记忆，而且相关的公式及变形公式需要掌握并且能灵活运用。笔者根据物理学科知识的特点和学生的心理特征，精心设计物理导学案的自主预习环节，物理知识思维导图的设计，不仅可以帮助学生将自主学习的知识系统化、网络化，而且能将学生的形象思维和逻辑思维结合，锻炼学生的科学思维能力。一系列与教学情境相关的问题的提问，激发学生对物理问题的思考，进而引导学生利用身边的教材、辅导材料以及多媒体资源进行自主探究。课堂教学做好前期的情境铺垫，使学生在进行课堂学习时学习更有针对性和目的性。这样更有利于提高教学质量，使学生逐渐养成解决实际问题的能力和科学素养。

（3）"情境导入"是在进行物理课程之前给学生预设的教学情境，从学生平时生活的场景进行引入问题，让学生从物理视角观察生活中的现象，发现物理与平时生活的联系，使学生善于观察日常生活中的物理现象。使学生从与本节课相关的大量物理现象中获得感性认识。进而吸引学生学习的兴趣，引导他们主动发现问题，进而进行主动学习，也为后面的自主预习和课堂合作探究做好了情境铺垫。所以材料的选取显得尤为重要，既要切中这门课的物理知识点又要促使学生开动思维。

（4）合作探究

如何将学生引入物理探究的学习情境，引导学生对物理现象产生疑问，与其他同学合作探究，是物理教师使用导学案教学取得成效的关键所在。核心素养背景下物理导学案在此模块中主要是培养学生的科学的探究能力。锻炼学生遇见物理问题时的科学思维。在探究过程中与他人的交谈协作能力，也是此环节比较侧重培养的方向。在物理学课堂教学中，物理探究活动主要以问题作导向，通过实验来进行科学探究的。导学案中的探究问题的设计是教师根据物理课程标准的要求，按照知识的逻辑顺序进行合理编排的。设计的探究问题是否合理和适用关系到学生合作探究能力的提升和科学探究精神的形成，进而影响着物理核心素养培养目标的落实。所以探究问题的设计一定要慎重考虑，综合研究。

合作探究要依据物理知识的内在逻辑，围绕着这堂课的重点和难点的知识进行设计。物理是一门自然的学科，它是以实验为基础探究自然界的规律。所以教师要利用实验使自主探究新的知识。

（5）基础训练

"基础训练"是对本节课学习成果的检验和巩固，对基础训练的题型的选择要注重培养学生的学科核心素养，训练题在精不在多，防止导学案变成另一种形式的教辅材料。教师在选择题型时要紧扣知识点，让学生学会并能熟练应用。使知识点的脉络清晰。要体现物理知识的系统性，完整性和逻辑性。培养学生的物理必备品格和关键能力。

①设计概念辨析题，培养学生的物理观念

对于物理概念课来讲，涉及的物理概念很多，能否准确理解概念本质并能熟练掌握显得尤为重要。如果学生对物理概念没有透彻的认识，那势必影响后面知识的学习，造成概念混乱，逻辑不清晰，给学生物理的学习增添困难。比如平均速度和瞬时速度，速度和速率的概念等。所以每一个物理概念都应有针对性地训练，以此加深学生对概念的理解，培养学生的物理观念，为以后的学习打好坚实的基础。

②设计实验探究题，增强学生的科学探究能力

在物理学科中，实验是研究物理问题的主要方法，培养学生掌握科学的研究方法，进一步提升学生的科学探究能力。物理实验主要有探究性实验、验证性实验、设计类实验。例如在"交流电中的电容和电感"这一节中就可以设计探究型实验，引导学生自己得出容抗和感抗的物理概念。每一项实验都是对学生探究能力的培

养，物理学中科学的研究方法的熟练与否关系着学生科学思维的形成。例如质点中的理想模型法，探究物体运动影响因素的控制变量法，等等。合理引导学生的好奇心和求知欲，精心设计物理实验，加强学科核心素养的培养。

③设计提高学生能力训练题，培养学生的科学思维

物理学科核心素养着重培养学生的关键能力，为了使学生的思维能力向更深层次的发展，教师在设计物理训练题的时候，应细心选择，培养学生运用科学的思维从不同的视角去解决问题，进一步培养学生科学思维的习惯。

④设计联系社会生活的训练题，培养学生科学态度与责任

教师在设计基础训练题时，要善于结合学生生活中和社会中常见情境以及网络上被大家热门关注的话题，这样不仅使学生关心社会生活，并参与社会生活，把所学的物理知识应用于社会实践中去。这样既使学生获得了自信、自豪感，同时也能将物理知识学以致用，培养学生的社会责任感和科学的态度。

（6）知识拓展

"拓展提升"是根据学生能力的不同，进行进一步的拓展提高。拓展提升是相比基础题难度进一步提高的综合性的题。这类题型主要用于培养学生以实际背景建立物理模型的能力以及综合分析物理问题的能力。物理概念是其他相关知识的基础，只有深刻理解这些物理概念，才能更好地解决物理问题。教师应结合考纲和考情对学生做针对性的练习。

（7）反思和总结

反思和总结作为导学案的最后的一个模块，设计它的目的是让学生清晰地知道自己掌握知识的程度，引导学生养成学习的自我监督自我评价的习惯，是对学生学习效果的有效监控，也是学生进行学习反馈行之有效的方法。这对学生培养自主学习能力有很大的提升。反思和总结并不是学生简单地进行自我总体评价，而是对自己薄弱和欠缺的地方进行总结，教师在设计这一模块时应适当细化一下，从而提高学生学习效果。

3.设计原则

（1）主体性原则

主体性原则顾名思义，就是在教学过程中确定学生是学习的主体，教学是围绕着学生展开的。在"人本主义"学习理论教学思想的指导下，合理引导学生积极主动地学习，以满足学生自身学习和身心发展的需要，培养学生养成主动探索物理知识的习惯。核心素养背景下的物理导学案在进行设计时要凸显出这一点，让学生成为课堂的主人，从学生的角度设计核心素养背景下的导学案。导学案的设计应充分

引导学生主动产生疑问，引起认知结构上的冲突，使学生自主探究物理知识。教师的作用是从中恰当引导。教师在进行物理教学时应转变以往的教学理念，让学生作为探究物理知识的主体、学习的主体，教师从中发挥良好的引导作用。

（2）情境化原则

情境化原则就是为学生设置对应的物理学习情境，从学生生活中引入物理问题，引起学生的内在的好奇心，进而促进学生学习物理知识的原则。美国教育家杜威谈到："如果想激发学生思维，应尽可能要让学生懂得经验或经验的情境意义。"要想建构物理模型，经历物理抽象概括的过程，所以我们必须创设一个实际的经验情境。这也是科学思维所要经历的一个过程。对学生思维的情境的吸引关系到教学方法的成效，鉴于此，教师在设计物理导学案的时候，应尽可能地创设能够自然地引起学生深思，并激发学生探究兴趣的情境。要想具备这样的情境就需要教师在设计物理导学案时大量收集相关的材料，以此实现情境化的教学。最好的教学应是使学生学习的内容和他们现实的生活保持密切联系。例如在设计"加速度"这个知识点的导学案时，应把学生生活中遇到的相关问题应用到导学案中去。比如现实生活中的超车，田径运动员进行比赛等场景创设相关的教学情境，进而提出问题，激发学生的求知欲。

（3）分层性原则

分层性原则以最近发展区理论作为指导，根据学生不同的最近发展区设置与之相对应的问题，体现习题的基础性和选择性。新的物理课程标准提出课程的设计要具备基础性和选择性，使每个学生的发展需求都得以关心。这为导学案的设计指明了方向。这也为分层性教学提供了重要的依据。每个学生因为遗传和后天培养方面的差异，他们的理解和掌握知识的程度和能力也有所差别。导学案的设计应照顾到每一个学生发展的需求。对问题的难易程度进行层层划分，阶梯式地上升，从而对学生进行层层引导。给学习程度不同的学生创设不同的学习情境。让各个不同程度的学生都能在导学案中有所收获，使尖子生能力得到进一步提升，使中等程度的学生在巩固基础知识的情况下得到进一步的提升。使学困生逐步掌握基本的知识，能力也得到一定的提高；更能使学生的获得感增强，加强学生的自信心，分层性原则尤其要在习题练习中体现，使得每个学生都有收获。

（4）指导性原则

指导性原则就是在设计物理导学案时应对学生的自主学习，自主探究等进行相应的指导，发挥导学案的导学作用。核心素养背景下的物理导学案的设计应充分发挥其导向作用，引导学生在明确每节课学习目标和学习的重点难点之后，使学生按照自己的学习进度自主规划学习时间，进而进行高效率有秩序的学习。导学案中的合作探究环节中，并不是放任学生盲目地进行探究。需要教师从中进行恰当指导，以问题的形式逐步引领学生自主探究出物理知识。进而发挥导学案的指导性作用。所以这些在进行物理导学案设计时应充分遵循指导性原则。如在设计物理概念课时，教师应提供和学生生活相关的物理学习情境；在解决学生生活中的物理问题时，提供给学生一些适当的启发和相关的方法，等等。

（5）灵活性原则

导学案的教学模式并不是一成不变的，所谓灵活性原则就是根据不同的班级、教学设施和课型，对导学案的要素进行灵活调整，或者与其他教学方式相结合进一步促进有效教学。导学案的设计要根据物理课型的不同，设计不同的导学案。导学案中的每一个要素可以根据教学实际情况做出一些灵活的改动。导学案的使用并不是摒弃了多媒体教学，应当根据导学案中的内容，恰当地结合多媒体教学。比如情境导入的环节，可以用多媒体设备展示播放与物理概念相关的图片、视频等。

二、教学理论基础

（一）最近发展区理论

20世纪30年代苏联心理学家维果茨基提出最近发展区理论，提出之后他对"最近发展区"从理论和实践层面做了系统全面的论述。20世纪60年代随着"最近发展区"理论传入西方学界，该理论逐渐成为全世界心理学家研究的焦点，之后人们将其引入和应用到教学实践中，在实际操作中做更深入研究，使其理论进一步完善。我国1998年10月"全国维果茨基研究会"的成立则证明我国教育学界对最近发展区的研究进入了一个新的高度。[①]

1.最近发展区理论概述

"最近发展区"是由"Zone of Proximal Development"翻译来的，又称为"潜在发展区"，维果茨基在自己的论述中认为教师教学和学生的发展是一种相互制约，相互促进的动态关系，正确组织的教学能引起并激发教学以外根本不可能的一系列内部过程。[②]鉴于此，维果茨基认为儿童在经历适当的教学前和教学后心理发展水平会有不同的层次，没有教学之前儿童是现有的发展水平，在教学之后学生潜在的可以达到的水平就会激发出来，这两种水平之间是有差距的，把这种差距称为"最

---

① 高文.维果茨基心理发展理论的方法论取向[J].外国教育资料，1999（3）：45.
② 郭晓霞.维果茨基最近发展去理论的应用与拓展一支架式教学研究[D].长春：吉林大学，2007.

近发展区"。这里更通俗真正的含义指出在学生成长过程中的每个时间段学生都有两种水平：一是儿童在现阶段身体发育、智力发展以及此前学习所达到的原有解决问题水平；二是儿童在此阶段受到成人或能力较强同伴指导学习和模仿儿童的能力会高出原有水平。鉴于此，在教师指导、示范、帮助下的教学对学生的发展至关重要。此外，还提出学生原有发展水平和心理机制是随着年龄变化而变化的，也是随着在此前教学的帮助下能力积累量的多少变化的，由此提出了"教学最佳期"，好的教学应该处于"教学最佳期"，而"教学最佳期"是由最近发展区决定的，而"最佳教学期"也一定程度影响"最近发展区"。[①]最近发展区的提出使教学有了更科学的理论依据，为后续教材编写，各阶段学校课程的设置提供重要参考。也使人们建立了新型的"因材施教"观，我国古代就有"因材施教"之说，但这里的"因材"不能看现有的水平，而要看通过"施教"能激发出的水平。

2.最近发展区理论对导学案应用于物理高效课堂的启示

在教育领域，最近发展区理论为我们理解学生的学习提供了新的视角。这一理论强调学生的潜在发展水平与实际发展水平之间的差异，认为教育者的任务是激发学生的潜能，促进其发展。将这一理论应用于导学案的设计和实施中，将有助于构建高效的物理课堂。

（1）潜在发展与实际发展

最近发展区理论强调学生的潜在发展水平与实际发展水平之间的差异。这一理论提醒我们，学生的实际发展水平往往受到其原有认知结构的影响，而潜在发展则是在教育者的引导和帮助下，通过学习新的知识和技能而得以提升。在物理课堂中，导学案的设计和应用正是为了激发学生的潜在发展，帮助他们构建新的认知结构。

（2）导学案的设计

导学案的设计应基于学生的最近发展区，通过设计具有挑战性和适切性的任务，引导学生探索新知识，解决新问题。具体而言，导学案应包括以下内容：

①基础知识的梳理：帮助学生建立稳固的基础，为后续学习奠定基础。

②适度的挑战：设计一些具有挑战性的问题，激发学生的好奇心和求知欲。

③合作与探究：通过小组合作和探究活动，培养学生的团队协作和问题解决能力。

（3）导学案的实施

---

① 徐美娜."最近发展区"理论及对教育的影响与启示[J].教育与教学研究，2010，5（5）：14.

实施导学案的关键在于教师如何引导和帮助学生。教师应根据学生的实际发展水平，设计合理的导学方案，并给予必要的帮助和支持。在实施过程中，教师应关注学生的表现，及时调整教学策略，以适应学生的最近发展区。此外，教师还应鼓励学生之间的交流和合作，培养他们的协作精神和解决问题的能力。

最近发展区理论为导学案应用于物理高效课堂提供了重要的启示。通过设计具有挑战性和适切性的导学案，教师能够激发学生的潜在发展，帮助他们构建新的认知结构。在实施过程中，教师需要关注学生的表现，及时调整教学策略，以适应学生的最近发展区。这样的教学方式将有助于提高物理课堂的教学效果，培养学生的学习能力和解决问题的能力。

（二）建构主义学习理论

建构主义学习理论的观点主要有皮亚杰倡导的"激进主义"，布鲁纳、奥斯维尔主张的"信息加工建构主义"，维果茨基提出的"社会建构主义"，等等。他们的观点虽有细微区别，但是其核心意义有着共同的特点：课堂教学应以学生的发展变化为中心，倡导在教师的指导帮助下学生对知识的自主探索、自主发现和对所学知识意义的自主建构。[①]建构主义强调学生的学习过程是一个循序渐进的构建过程，根据学生已有的知识基础、当前心理发展程度提出科学的、符合儿童认知过程的课堂教学方法。

1.建构主义学习理论概述

学生学习物理知识的过程应该是一个以学生内在不断构建过程，学生在教师的及时有效的帮助和引导下学习充分发挥主动性和主体性。学生的学习结果由学生自身的心理反应而形成，这里教师更应该是一个学生学习知识的"助产婆"。建构主义重视学生自己心理的真正变化，而非教师教了多少知识。建构主义教学观提倡通过教师引导学生来学习，将课堂的主体地位还给学生自己，使学生获得对新知识、新事物的更为全面的理解，这不仅锻炼了学习者的合作能力、表达能力，而且使学习者形成对真理性知识的趋同性。[②]教师在物理课堂教学设计中恰当地运用建构主义学习理论指导教学实践，对于建设高效课堂具有特定的意义。

2.建构主义学习理论对导学案应用于物理高效课堂的启示

（1）重视学生的已有知识经验

建构主义学习理论强调，学生不是空着脑袋走进教室的，他们在以往的生活、

① 冯乐尧.用建构主义学习理论引导学生自主学习的数学教学模式研究[D].济南：山东师范大学，2005.

② 匡雅辉.建构主义教育理论与教学设计策略[D].武汉：华中师范大学，2007.

学习和交往活动中，已经形成了丰富而独特的经验，并且这些经验在他们的学习中起着重要作用。因此，导学案的设计要重视学生的已有知识经验，为学生的主动建构提供条件。比如在学习"牛顿第二定律"这一课时，我们可以这样设计导学案：首先让学生列举出他们熟悉的与力有关的物理现象；然后请学生总结归纳出这些现象中物体加速度的方向与什么因素有关；再提出"这个问题是如何得到的呢？"再给学生设计一系列小实验去探究加速度与力的关系；最后通过小车实验验证这个结论。这样的设计既考虑到了学生的已有知识经验（学生在日常生活中已经积累了很多有关力和运动的经验），又符合学生的认知规律（从生活到物理的认知过渡）。

（2）重视学生之间的交流与合作

建构主义认为，学习不是知识由教师向学生的传递过程，而是学生自己建构知识的过程。学生不是简单被动地接收信息，而是主动地建构知识的意义。这种建构过程是他人无法替代的。由于学生们的知识经验背景不同，对问题的看法和理解也不同。导学案的设计可以提供给学生更多交流与合作的机会，让学生在讨论中得到不同的观点和结论。比如在讲"磁场"这一章时，我们可以设计这样一个问题：磁场到底是什么？让学生们通过小组讨论的形式来回答这个问题。学生们可能会从不同的角度来回答这个问题：有的学生可能会说磁场是一种看不见摸不着的物质；有的学生可能会说磁场是一种看不见的力；还有的学生可能会说磁场是磁体周围的一种特殊状态，等等。通过这样的讨论和交流，学生们可以相互启发、相互学习、相互补充，从而实现对新知识的意义建构。

（3）重视学习情境的创设

建构主义认为，学习总是与一定的社会文化背景即"情境"相联系的。在实际情境下进行学习，可以使学习者利用自己原有认知结构中的有关经验去同化和索引当前学习到的新知识，从而赋予新知识以某种意义；如果原有经验不能同化新知识，则要引起"顺应"过程，即对原有认知结构进行改造和重组。因此导学案的设计要创设符合教学内容要求的情境和提示新旧知识之间联系的线索，并引导学生在实践中发现问题、培养他们解决问题的能力和创造力。比如在学习"磁场"这一章时，我们可以设计一些具有趣味性和探索性的实验来创设情境：如磁铁能吸引铁钉吗？磁铁能吸引小汽车吗？磁铁之间有相互作用力吗？等等。这些实验可以引起学生的兴趣和思考，激发他们的求知欲和探索精神。

总之，建构主义学习理论对导学案应用于物理高效课堂具有重要的启示作用。教师在设计导学案时应该重视学生的已有知识经验、学生之间的交流与合作以及学习情境的创设等方面的工作。同时还要关注学生的个体差异和学习需求的不同特点，为学生提供多样化的选择机会和指导方式，从而更好地实现物理高效课堂的教学目标。

（三）人本主义学习理论

1.人本主义学习理论概述

20世纪50—60年代以马斯洛（1908—1970，美国）和罗杰斯（1902—1987，美国）为代表的心理学家，以心理学为基础，建立了人本学习理论，强烈冲击了世界教育体系，深刻影响了全球的教育改革。

马斯洛通过对人的心理需求研究，提出了著名的"马斯洛需求层次理论"。该理论分别从人最低的生理层次到最高的自我实现作了分析，即"生理、安全、社交、尊重、认知、审美、自我实现"。罗杰斯提出学习的"个人参与、自动自发、全面发展、自我评价"四要素。

人本主义从人性出发，人作为自然实体，与动物是有本质区别的。人有生理的、安全的、尊重的、归属的、自我实现等本能的需要；应该把人看作"完整的人"来研究，重视人的高级心理活动，关注人的生命、情感、尊严、信念等。人本主义学习论主张从内部感受和外部经验来研究人的学习心理，注重学生的兴趣、理想和动机。主张人的心理与本质的一致性，心理学该从人的本性出发进行研究。

人本主义学习理论要求把学生看作"整体的人的"，以人为本。学习的实质是全面发展学生，教学必须"以学生为中心"。教育的目的是帮助学生实现"自我实现"和创造。

根据人本主义的学习理论，人的学习和成长都来自自我实现的需要。尊重和自尊是人类自我发展的必要条件，在他人的尊重和肯定中建立起自尊和自信，在愉悦中获得积极的体验进而主动追求进步，并根据自己真实的行为主动积极地开发潜能，最终自我实现。鉴于此，学习的真正"种子"是学习者的自我潜能。[①]

2.人本主义学习理论对导学案应用于物理高效课堂教学的启示

（1）尊重学生的个性差异。在导学案的设计和应用中，要充分考虑学生的个性差异和认知特点，因材施教，让每个学生都能够得到充分的发展和展示。

（2）营造轻松、自由、民主的学习环境。在物理高效课堂教学中，要营造轻松、自由、民主的学习环境，让学生能够自由地表达自己的想法和观点，增强学生的学习自信心和成就感。

（3）关注学生的情感需求。人本主义学习理论强调情感在学习过程中的重要

---

① 孙建清.高中物理高效课堂实现途径的探索[D].扬州：扬州大学，2015.

性，因此，在导学案的设计和应用中，要关注学生的情感需求，营造和谐的师生关系和同学关系，让学生在愉快的氛围中学习成长。

（4）重视实践性和创新性。导学案要注重实践性和创新性，让学生在实践中探索物理规律和方法，培养学生的创新意识和实践能力。

综上所述，人本主义学习理论对导学案应用于物理高效课堂教学的启示是多方面的。在实际教学中，教师要根据学生的实际情况和教学需求，合理设计导学案，充分发挥导学案的优势作用，促进学生的全面发展。同时，教师也要不断探索和实践新的教学方法和手段，提高教学效果和质量。

三、导学案应用于物理高效课堂的优势

导学案是经教师集体研究，设计学习方案，以导学为方式，以学生的自主性学习为主，以教师的指导为辅，学生通过自主探究、质疑释疑、合作互动、解决问题，从而较好地完成学习任务的一种教学方案。它把教师的教学目标转化为学生的学习目标，把学习目标设计成学习方案，通过对知识点的梳理和学习方法的具体指导，使学生对所学知识形成清晰完整的结构，让学生真正成为学习的主人，教师则起引导、点拨、质疑作用。导学案应用于物理高效课堂具有以下优势：

（一）突出学生主体地位，激发学生主动学习

物理高效课堂应用导学案教学模式把更多的时间留给学生，让学生有更充裕的时间去思考、去交流、去展示，发挥了学生的主体作用。教师在整个教学过程中的作用只是点拨、引导和启发。例如，在物理习题课上应用导学案可以改变传统的"教师讲、学生听"的局面，通过学生自主探究、小组讨论等形式，让物理习题课不再枯燥乏味，而变成学生真正参与的动感课堂。这样既有利于激发学生的学习兴趣，又有利于发挥学生的主体作用。

（二）突出问题探究过程，促进学生主动发展

物理高效课堂应用导学案教学模式把更多的时间还给学生，让学生有更充裕的时间去探究问题、发现问题并解决问题。学生在探究问题的过程中既培养了学生的观察能力、分析能力和解决问题的能力，又培养了学生的创新意识和创新能力，促进了学生的主动发展。

（三）突出知识落实过程，提高学生自主学习的能力

物理高效课堂应用导学案教学模式把知识的学习过程设计成具体的学习方案交

给学生去落实。学生在落实过程中通过自主探究、小组讨论等形式解决学习问题，既有利于学生对知识的落实和理解，又有利于培养学生的自主学习能力。

四、导学案应用于物理高效课堂的原则

（一）主体性原则

高效课堂就是在课堂教学中把学生的"学"作为教学的出发点和归宿，真正做到以人为本。导学案的设计要符合不同层次学生的认知规律，激发学生的学习动机，使学生正确输入信息并获得反馈，以自主、合作、探究的学习方式，使学生成为学习的主人，教师成为学生学习的服务者。

（二）探究性原则

导学案中设计的物理问题要有探究性，要能够激发学生求知欲，调动学生的思维活动。对于一些探究性问题，可以在导学案中设计一些引导性的"问题"，通过问题来引导学生进行思考和探究，帮助学生建立探究问题的思路和方法。

（三）启发性原则

导学案的设计要能够启发学生思考，引导学生去探究和发现。在设计问题时要注意设置的问题难度要适中，既不能过于简单也不能太难。过于简单的问题无法激发学生的思考欲望，太难的问题则会打击学生的自信心和积极性。因此，要设计一些有启发性的问题，帮助学生突破思维定式，激发学生的创新意识和创造能力。

（四）指导性原则

导学案的使用要体现出指导性原则。教师在编写导学案时要将教学的重点、难点和关键点融入其中，为学生提供必要的指导和提示，帮助学生更好地理解和掌握所学知识。同时，教师还要根据学生的学习情况给予及时的反馈和指导，帮助学生及时纠正错误，提高学习效果。

（五）灵活性原则

由于学生的学习情况是不断变化的，因此导学案的使用也要具有一定的灵活性。教师要根据学生的学习情况和反馈情况及时调整导学案的内容和形式，使导学案更好地服务于教学。同时，教师还要鼓励学生根据自身情况进行个性化的学习，发挥学生的主观能动性。

（六）合作性原则

高效课堂强调学生的合作学习，导学案的设计也要体现这一原则。在导学案中

可以设计一些需要小组合作才能完成的任务，通过小组合作来培养学生的合作意识和合作能力。同时，教师还要注意引导学生在合作学习中发挥各自的优势和特长，相互帮助和学习，共同提高学习成绩。

总之，导学案应用于物理高效课堂的原则主要包括主体性、探究性、启发性、指导性、灵活性和合作性等原则。这些原则的贯彻实施能够更好地激发学生的学习兴趣和积极性，提高学生的学习效果和综合素质。

五、导学案应用于物理高效课堂的实施策略

（一）编写高质量的导学案

编写高质量的导学案是实施物理高效课堂的关键。导学案的编写要遵循以下原则：一是问题探究化原则。物理高效课堂应用导学案要注重问题探究化，把知识点设计成问题探究的形式，让学生在探究中完成学习任务。二是学法指导科学化原则。物理高效课堂应用导学案要注重学法指导科学化，根据学科特点指导学生运用科学的学习方法进行学习。三是层次化原则。物理高效课堂应用导学案要注重层次化，既要符合学生的认知规律，又要兼顾不同层次学生的需要。四是实用化原则。编写导学案时教师要充分考虑学生的实际情况，注重实用性。

（二）做好课前预习工作

课前预习是实施物理高效课堂的重要环节之一。教师要提前将导学案发给学生，让学生根据导学案进行预习。在预习过程中学生要根据导学案中的问题认真阅读教材或相关资料，找出问题的答案或问题的解决方法并填写在相应的位置上。教师要及时检查预习情况，发现问题及时纠正并对学生难以解决的问题进行精讲点拨。

（三）精心组织课堂教学

精心组织课堂教学是实施物理高效课堂的关键环节之一。教师要根据导学案中设置的学习目标和知识体系引导学生开展自主学习、合作学习和探究学习活动。教师要深入了解学生的学习情况和学习困难，及时给予帮助和指导。同时教师还要组织学生进行展示和交流，鼓励学生积极发言和讨论，活跃课堂气氛，提高学生的学习积极性和学习效率。

总之，将导学案应用于物理高效课堂具有突出的优势和广阔的应用前景。实施好这一教学模式需要教师做好充分的准备和精心组织课堂教学。通过这种教学模式的应用可以提高学生的学习效率和学习质量，促进学生全面发展。

第二节　导学案在物理高效课堂中的设计

一、物理导学案设计原则

（一）基础性原则

物理导学案必须根据教学大纲和教材内容，紧扣课程标准和教材，从学生认知水平出发，有效地引导学生进行探究学习，完成学习任务。要保证导学案中所设计的知识点、方法、技巧、思维等是最基础的知识和技能。因此，导学案中的每一节内容都必须保证是从本学科基础知识、基本技能、基本方法出发，突出基础知识、基本技能、基本思想与基本活动。设计内容时教师一定要研究课程标准和考试说明，紧扣教材，控制难度，真正使导学案成为学生自主学习的重要载体，成为教师引导学生主动建构知识、发展能力、形成正确的情感态度与价值观的学习途径。

（二）层次性原则

学习是一项认知性的活动，要保证学生能够完成并解决所有的问题，我们就需要为他们建立一个有层次感的学习结构。我们在编写导学案时也必须体现出层次性原则。不同层次的学生必须设计不同层次的问题和学习材料。对于学习有困难的学生，我们尽量在导学案中设计一些比较直观、简单的问题，而对于学习较好的学生，我们则可以设计一些较难一些的问题让他们去解决。只有真正考虑到不同层次的学生，才能调动全体学生共同参与学习活动的积极性。在设计时还应注意由浅入深、由易到难的知识梯度，做到层次分明，由低到高，符合学生的学习认知规律。要让学生由易到难，由表及里，层层深入，"拾阶而上"，逐步培养他们的自学能力和探究能力。

（三）探究性原则

《普通高中物理课程标准》特别强调改变学生的学习方式，倡导科学探究。因此，在导学案的设计中要注重探究活动的编写。探究活动的设计要以问题为中心，注重学生的主体性。在设计问题时我们要把知识的重点以问题的形式呈现在学生的面前；在解决问题时教师要善于创设情境激发学生的学习兴趣；同时教师还要有意识地把问题设计成探究式的学习材料以培养他们的探究能力。问题的设置应具有一定的科学性、启发性、趣味性和实用性。要具体问题具体分析，对不同层次的问题要由不同层次的学生来解答，这样才能保证全体学生共同参与课堂活动，达到共同提高的目的。

（四）开放性原则

开放性是现代社会的一个显著特点。在导学案的设计中应充分体现开放性原则。一方面在问题的设计上要充分体现学生的主体性，要给学生留出发挥自主创新的空间；另一方面在问题的答案上也不能唯一化，要鼓励学生从不同的角度去思考问题，寻求多种答案。同时还要注重联系实际，联系生活实际和社会热点问题，使学生能在一种真实的环境中学习知识、运用知识去解决实际问题。开放性还表现在允许学生相互讨论交流甚至提出疑问。总之开放性的导学案能让学生体会到解决问题的多元性、创造性，能有效地培养学生的创新能力与创新意识。

（五）反馈性原则

学案必须给学生留有空白，让学生填写疑问或建议或者解答以便及时获得反馈信息。教师可以通过学生的信息反馈不断地调整自己的教学策略和教学进程。同时教师还要鼓励学生自己通过各种途径获取信息以便自己解答疑问。这样不仅能使学生养成一种良好的学习习惯而且还能有效地培养学生的自学能力。

（六）创新性原则

创新是一个民族进步的灵魂。在编写导学案时要注意培养学生的创新意识和学习动力。要根据不同层次的学生提出不同的要求，并在教学中积极创设不同情景，积极引导学生大胆想象、动脑思考、动手操作。在课堂评价上也要注重培养学生的创新意识，尊重学生的不同观点并鼓励学生大胆发表自己的见解和主张。这样不仅可以激发他们的学习兴趣而且还能有效地提高他们的思维能力和创造能力。

总之，导学案的设计原则是多方面的。教师在编写导学案时要根据实际情况灵活运用各种原则以提高教学效果和质量，只有好的导学案才能更好地为我们的教学服务，才能真正达到减负增效的目的。同时还要根据不同的教学内容和不同的学生群体来灵活选择不同的原则来设计导学案，以达到更好的教学效果。在今后的教学实践中，我们还要不断地探索和改进，以期使我们的教学更加科学有效，更加符合素质教育的理念。只有这样我们才能真正实现"教是为了不教"这一教学的最高境界。

二、物理导学案的结构

导学案的结构明确，一般来说包括以下要素：

（一）学习目标

每个学习环节开始前，应明确本部分的学习目标，使学生清楚每个阶段的学习任务和要求。这部分应简洁明了，避免空洞、模糊的表述。同时，应注意将知识与技能、过程与方法、情感态度与价值观三个维度的目标贯穿在导学案的始终。

（二）预习案

预习案是学生在课前预习的重要载体，应针对所学内容设计相关问题，引导学生通过自主预习掌握基础知识，初步了解本课的学习重点和难点。同时，还应设计一些简单的小实验或小探究，帮助学生培养独立思考和动手实践的能力。此外，预习案应注重知识体系的构建，使学生能够通过预习初步掌握知识间的联系，形成较为完整的知识框架。

（三）教学情景

教学情景是导入新课的关键环节，可以通过图片、视频、案例等多种方式创设物理情景，吸引学生的注意力，激发学习兴趣和探究欲望。情景的设计要紧扣教材内容，尽可能贴近生活实际，使学生能够从情景中发现问题、分析问题，进而解决问题。

（四）问题探究

问题探究是导学案的核心部分，通过设计一系列有层次、有深度的问题，引导学生运用所学知识进行分析、讨论和探究。问题设计要具有启发性、针对性和开放性，鼓励学生大胆质疑、创新思维，培养发现问题和解决问题的能力。同时，应注意问题的难易程度要适中，兼顾不同层次的学生，使全体学生都能积极参与探究活动。

（五）当堂检测

当堂检测是检验学生学习成果的重要环节，通过设计一些与本课内容相关的练习题，检测学生对本课知识的掌握情况。检测题应注重基础知识的巩固和重点难点的强化，难度适中，具有层次性和综合性。同时，要控制好时间，确保学生有充足的时间完成练习题，教师也可以根据学生完成情况及时调整教学策略。

总之，高效物理导学案的设计需要充分考虑学生的认知特点和学科特点，注重知识体系的构建、探究能力的培养以及学习成果的检验。通过合理地设计和运用导学案，可以帮助学生更好地掌握物理知识，提高学习效果。

三、物理导学案的编写流程

高质量的物理导学案需要教师借助集体智慧，制定一个科学的流程；

（一）分工合作，明确要求

导学案编写是教研组的重要教研内容，一般每一位教师轮任主编，其他教师参与审查，在规定时间内完成，明确学案的编制规范。

（二）主备执笔，设计初稿

根据教研组安排，主备教师调查本年级学生学情，在其他教师的帮助下完成任务，在课前两周完成初稿。教研组将初稿印发给所有教师审阅，主备教师收集其他教师的反馈意见，并作修改。

（三）集体研讨，定稿

主备教师将修改后的初稿发给其他教师并阐述自己的教学设计，其他教师进行交流研讨，并记录建议。会后，主备教师再次对导学案修改形成正式学案，并交给教研组长审核定稿，印制。

（四）师生合作，二次备课

教师提前向学生分发导学案，要求做预习部分。收齐逐个批阅。依据学生的完成情况来了解学情，并再次对导学案完善，为导学案在课堂上的高效利用充分准备。

四、导学案在物理实践教学中的教学程序

物理导学案实施过程主要包括三个环节：课前、课堂、课后。实施过程不是指一个固定的时间，教师的"放"与"收"的要视课堂的生成情况而定，对于教师而言，课前要做好充分的预设，在课堂要能做到收放自如。

课前环节主要是指教师依靠集体力量精心编制导学案，及时发放导学案，学生完成后回收、批改，了解学生的学情，确定最近发展区，从而指导教师的教学的起点与重点。

课堂环节主要是学生讨论与交流自主学习结果，通过探究与展示进一步完成知识的建构，在此过程中教师动态评估学生情况，适时进行点拨，最后对学生存在的共性问题与重点内容进行精讲释疑，通过导学案引导学生主动探究，探究教学不能简单地把器材丢给学生，教师应注意启发的时机和方法，合作的精神需要教师的引导，培养学生的交往能力、合作精神，使在小组活动中愉快地合作，使他们能切实体会到自身在团队中的作用。然后主要由学生进行归纳总结，要求学生先自己主动思考，然后和同学一同探讨进行总结，再由教师进行补充完善。在教学的过程中，教师要敢于放手，让学生在教师的主导下积极动手、动脑、动口，但是同时在适当

的时候要懂得收手，尤其在学生讨论交流与合作探究严重偏离预定学习目标时，要引导学生回到教学主线中来，这样以学定教才能落到实处。

课后环节需要教师通过对导学案拓展案发放、回收、批改，为学生进行补偿性习题的设置做准备。

五、导学案在物理教学中的案例设计

（一）物理概念课导学案设计

普朗克曾说："科学的历史不仅是一连串事实，规则和随之而来的数学描述，它也是一部概念的历史。"概念的学习是物理学习的重要组成部分，课程标准提出的其中一个具体目标是"学习物理学的基础知识，了解物质结构、相互作用和运动的一些基本概念"，而在学生眼里提到概念想到的往往是公式和字母，不记得内容和内涵，这与平时只注重刷题，不注重概念的记忆和理解有关系。这不符合物理学科特点和课程标准，因此在编写导学案时，首先要结合教材的文本以填空的形式或者简单问题的形式让学生写出原文，落实记忆；其次利用建构主义的思想，加深对概念的理解。

（二）物理规律课的导学案设计

物理规律即物理学的定理、定律及其公式，物理规律解释了物理过程的进行、变化。得到物理规律的过程和方法是物理学的核心内容，是物理教学的重心。物理规律一般是在观察和实验的基础上结合数学演绎得到的，具有简洁性、普适性的特点。但这很多时候也有局限性，学生很多时候对物理规律理解不好，是有很多原因的。

客观地说，随着学习的深入，基础显得尤为重要，逻辑推理和实验都要依靠已学过的经验、公式，之前学习的公式都不清楚了，后面的学习难度就大了，比如在《物理·必修1》"匀变速直线运动"这一章，推导初速度为零的匀变速运动的几个推论，和连续相等时间位移差的公式，需要用到前面学过的速度与时间、位移与时间、速度位移公式。这是前几节的内容，所以在导学案中应增加相应关联知识的预习回顾。

很少通过实验的方法去总结物理规律，如《选修3-5》探究碰撞中的不变量实验对后面学习动量守恒定律就是一个非常必要的铺垫；或者只注重记公式结果，然后训练，知其然不知其所以然，自己并未实验过，这使得学生对规律的理解不深，认识也不牢，所以在导学案中应特别侧重这种推导的学生活动设置。

物理规律都有其适用范围，字母的含义是严格的，如万有引力定律适用于质点和均匀球体模型，式中r表示质点或球心间距离，这些容易被忽视，所以在导学案里面也应设置强调字母含义和适用条件的问题，以加深理解。

第三节　通过导学案构建物理高效课堂的实践

高效课堂是以尽可能少时间、精力、物力投入，取得尽可能好的教学效果，即低投入、高产出的课堂。"高效"是高效率与高效益的和谐统一，高效率即课堂容量大，高效益是指学生的知识、情感、价值观等的有效提高。高效课堂应达成"自主构建、协作探究、高效生成、灵活运用"。

导学案是在新课程标准下，根据学生的认知水平、知识经验、学习目标和心理特征等实际，为自主学习、知识构建和研究探讨而编制的学习方案。学案导学是以导学案为载体，以导学为方法的一种教学模式，它将课堂的内容延伸到课外，通过课前预习，学生自学本课基础知识，发挥了学生的主体性，使学生由"被动接受"变为"主动获取"。这种教学模式是关注学生发展、全面推进素质教育的有效模式之一。

一、利用导学案之"导学"功能培养学生的自主构建能力

在物理课本一标多版的现实下，我们需要研究不同版本的内容，对教材进行取舍与整合，并结合我们的教学思想编成导学案呈现给学生。导学案包含以下几个环节：学习目标、自主学习、基础检测、新课导学、问题探究、课后作业。

学生首先通过课前预习环节，了解本节课的教学目标，对本节课的主干知识做到心中有数。本节课的基础知识学生也可以在课前预习环节完成，例如"自由落体运动"一课中，笔者在课前预习环节设定以下问题：

（1）什么是自由落体运动？什么情况下物体运动可看作是自由落体运动？

（2）自由落体的运动性质是什么（做什么运动）？

（3）自由落体的加速度特点是什么？自由落体运动遵循什么规律？学生通过阅读教材，这些问题都可以解决。课前预习环节由学生自主完成，不仅培养了学生的自主学习能力，而且使学生对本课知识结构有了一定认识。

二、巧用导学案之探究问题设计培养学生的探究能力

有效提问能够激发学生的学习动机，能够拓展学生思维，培养学生的探究能力、创新能力。学生在探究问题的过程中自动生成知识体系。根据苏联心理学家维果茨基的"最近发展区"理论，探究问题设计应着眼于学生的最近发展区，为学生

提供适当难度的问题，让学生有"跳一跳，可摘桃"的感觉。由于学生的认知是从感性逐渐上升到理性，因此探究问题应该贴近学生生活，尽可能取材于生活，让学生积极主动参与、亲自体验、思考，这样才能更有效培养学生的探究能力。笔者充分利用学案导学的优越性，在导学案中巧设问题串，通过巧设"问题""猜想"等，培养学生的探究物理问题能力和协作能力。导学"自由落体运动的特点"时，设置如下：

问题1.重的物体一定下落得快吗？

猜想：物体下落过程的运动情况与哪些因素有关，质量大的物体下落的速度一定比质量小的快吗？

[实验小探究]材料：一元硬币、两张与硬币表面面积相同的纸片，把其中一张纸片揉成纸团，泡沫塑料板、乒乓球（$G_{泡沫}>G_{乒}$）在下述几种情况下，都让它们从同一高度自由下落，观察下落快慢情况。

演示实验1：一元硬币和纸片（$G_{币}=G_{纸}$），在同一高度同时自由下落

现象：＿＿＿＿＿＿，结论：＿＿＿＿＿＿＿＿＿＿。

演示实验2：一张纸裁成相等的两半（$G_{半张}=G_{纸团}$），一半揉成纸团，另一半不变；在同一高度同时自由下落

现象：＿＿＿＿＿＿＿，结论：＿＿＿＿＿＿＿＿＿＿。

演示实验3：泡沫塑料板和乒乓球（$G_{泡沫}>G_{乒}$），在同一高度同时自由下落

现象：＿＿＿＿＿＿＿，结论：＿＿＿＿＿＿＿＿＿＿。

【思考与交流】出现这些看起来似乎是互相矛盾的结论，是什么原因造成的？

[实验演示]"牛顿管"的实验

（1）将羽毛和金属片放入有空气的玻璃管中，让它们同时下落，观察到的现象：＿＿＿＿＿＿＿＿＿。

（2）将羽毛和金属片放入抽去空气的玻璃管中，让它们同时下落，观察到的现象：＿＿＿＿＿＿＿＿＿。

证明实例：美国宇航员斯科特在月球上（无大气），同时释放羽毛和铁锤，发现它们下落得一样快。

【探究归纳】影响落体运动快慢的因素是＿＿＿＿的作用，没有空气阻力时，只在重力作用下轻重不同的物体由同一高度下落快慢＿＿＿＿。即自由落体运动的物体下落的快慢与重力的大小＿＿＿＿。由此推出：不同物体自由落体运动的加速度都＿＿＿＿（填"相同"或"不相同"）。

问题2.通过实验获取自由落体运动的纸带，频闪照片采用$S_2-S_1=S_3-S_2=S_4-S_3=S_5-S_4$判断运动性质？

【探究归纳】

（1）自由落体运动定义：＿＿＿＿＿＿＿＿。

（2）自由落体运动特点＿＿＿＿＿＿＿＿。

以上问题设计由浅入深，符合学生认知规律，物理情景与探究问题有机结合，能够激发学生的学习热情，学生不但能够轻松获取知识，而且能够体会到获取知识的幸福感和满足感。

三、巧用导学案之典型案例设计培养学生的实践能力

"从生活走向物理，从物理走向社会"是《普通高中物理课程标准》提出的最基本理念，物理课堂不仅要学习物理规律，而且更要学会运用物理规律解决实际问题。学生通过典型案例分析可以加深对物理规律的理解，提高自己分析和解决物理问题的能力。笔者认为，物理导学案的典型案例设计应注意以下两点：

（1）立足于学情。根据美国心理学家Vroom的"期望理论"公式：动力=目标高度×达到的可能性，题目太简单，学生不感兴趣；题目太难，学生无从下手，因此，典型案例设计应该立足于本班学生的知识基础和学习能力。

（2）重视物理情景的创建。学习是实践性比较强的活动，让学生在实践中学会运用所学规律，因此，典型案例设计应该强化知识技能与生活、社会实践的联系，培养学生学以致用、实事求是的科学精神。例如，在"运动的合成与分解"导学案中，笔者典型案例设计如下：

（1）降落伞在匀速下降过程中遇到水平方向吹来的风若风速越大，则降落伞
（　　）

A.下落的时间越短　　B.下落的时间越长

C.落地时速度越小　　D.落地时速度越大

（2）降落伞在下落一定时间后的运动是匀速的，没有风时，某跳伞员着地速度是4m/s，现在由于水平向东的风的影响，跳伞员着地速度为5m/s，那么，风速为多少？跳伞员着地速度的方向如何？

（3）一条河宽d=200m，河水流速v_1=3m/s，如图1所示，若船（在静水中）的速度为v_2=4m/s，则：

①欲使渡河时间最短，应该怎样操作？最短时间是多少？

②欲使航程最短，应怎样操作？最短位移是多少？

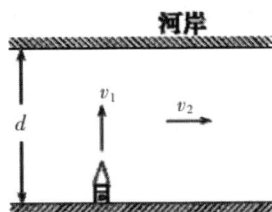

图4-1

总之，"学案导学"充分发挥了学生的主体性，它将课内与课外有机结合起来，既培养了学生的自学能力，为终身学习奠定了良好基础，又调动了学生学习的积极性，使物理课堂充满生机。这种教学模式还需要教师有效引导，在课堂上结合学生的反馈有效运用导学案，这样才能使物理课堂高效、有序进行。

第五章　基于自主学习的物理高效课堂构建策略

第一节　自主学习的理论基础

一、自主学习的概念与特征

（一）自主学习的概念

所谓自主就是"自己做主，不受控于他人"。自主学习的有关术语很多，如主动学习（active learning）、自我教育（self-education）、自我管理学习（self-managed learning）、自我监控学习（self-monitored learning）等。自主学习可以从八个维度界定：①激发内在的学习动机；②制定学习内容；③选择适合自己的高效学习方法；④规划、合理安排学习时间；⑤自我把控学习过程；⑥对学习结果进行反思、总结、评估、强化；⑦选择有利于学习的环境；⑧对于在学习中遇到的困难，主动向社会寻求帮助。如果能在这八个维度进行自主选择和调控，我们就可认为学习是自主的。

自主学习不仅名称多样化，研究角度也是多样化的。

美国著名自主学习研究者齐默曼(Zimmermann)，认为自主学习涉及自我、行为、环境三方面相互调节，自主学习者能在内在元认知、学习动机的基础上，基于外在的反馈，主动调整和监控外在表现和学习环境，形成反馈循环过程。他还提出了一个六维的自主学习研究框架：为何学？怎么学？什么时候学？学什么？哪里学？和谁学？"为何学"是学习动机，是内在的、自我激发的；"怎么学"是学习方法，是有计划的或自动化的；"什么时候学"是控制时限，是定时而有效的；"学什么"是学习结果，是对学习结果的自我意识；"哪里学"是学习环境，是对物质环境的敏感和随机应变；"和谁学"是控制社会环境，是对社会环境的敏感和随机应变。

我国自主学习研究的代表人物程晓堂认为自主学习有三方面的含义：第一，

自主学习是学习者的认知、能力、学习方法等诸多方面协调而成的一种引导和调控自我内在的能力。如确定学习目标、选择学习方法、评估学习结果的能力。第二，自主学习是对学习目的、内容、方法、材料的自由选择权，是教育机制提供给学习者的自由学习空间。第三，自主学习是一种模式，在宏观的教学目标和教师的引领下，学习者根据自身的学习条件和需求制定学习目标的自主模式。

笔者认为，自主学习作为一种顺应潮流的新型学习方式，学习者主动参与，不受外界干扰，通过自我调节、管理、监测、评估、反馈等过程实现发展自我、获得知识的过程。

（二）自主学习的特征

1.自立性

任何一个学习者都有独立的人格，学习也是自己的任务，是其他人无法代替的。"自立性"有四层含义，分别是独立的主体，独立的认知结构，对独立的渴望，一定的学习潜力、自主能力。彼此联系又高度统一。

自主学习的接收者是独立的主体，根基是独立的认知结构，原始动力是对独立的渴望，在原始动力的基础上，需要一定的学习潜力和自主能力。

由此看来，自主学习的先决条件和灵魂是自立性，是每个学习者必须具备的，任何一个学习过程都不能缺失。

2.自为性

学习是每个独立的学习个体生命中不可缺失的一部分，是在自立基础上的拓展，它包含了四个结构关系：①自我探索。学习的实质是好奇心驱动下自我探索、求知，是学习者获取知识的途径之一。②自我选择。学习是学习者对外部信息的选择，一旦外部信息与学习者的需要达成一致，就会引起学习者的注意，被学习者认同，纳入自己的认知范畴，是自为学习的主要体现。③自我建构。学习是对新知识的形成和构建过程，同时也需要对原有知识重新组合和重新改造，在学习者头脑里对新旧知识重新整合、提炼、完善，不仅使原有知识得到了保留，也是在此基础上的升华和超越。④自我创造。学习是在建构知识的基础上的进一步创造，是更高水平的展现，学习者根据自我浓厚的学习需求，从事物的客观发展规律出发，在真理性知识的基础上，知识被激活，信息被重组，创造出用理论指导实践的理念模式。

从探索到选择，到建构再到自我创造，是学习者获得知识的一般途径，使学习者的目标价值得到了升华，也是其成长的必经过程，可以这么认为，自为学习是学习者的自我塑造、发展、充实、超越原有知识的过程。

3.自律性

学习者在学习过程中的自我监督、约束。自觉性是自律性的内在体现，只有学习者充分醒悟，明确了为什么学习和学习的意义，才能监督自己锲而不舍、有始有终地学习。积极主动地学习是自律性的外在体现，这样学习者的潜力、才能就能被充分地调动起来，从而实现学习目标。一个自律性强的人，一定是责任感极强的人，他以对社会的使命感、责任感、以实现自我价值、理想为基础，积极主动地探索、选择、建构、创造知识。

由此可见，学习者要以自立性为自主学习的前提，自为性为本质，发展、调动知识，自律性为保障，才能主宰学习，成为学习的管理者，不断地进步、提升、超越自我，获得终身学习的能力。从教学角度来说，课改的根本目标也是培养学生的自主学习能力。

二、自主学习的理论依托

（一）成就动机理论

成就动机就是指争取成功希望做得最好的需求。在物理教学中可给学生设置学习的任务目标，学生在追求某一目标时可能成功也可能失败，成就动机促使学生去追求成功和回避失败。成就动机高的学生往往是追求成就而且不怕失败，所以他们竭尽全力去取得好成绩。而成就低的学生害怕失败和产生失望，他们或是轻易就会完成学习任务，或是根本完成不了而产生放弃现象。如何在学生的学习中进行学生自我成就感的建立，是一个值得教师们研究的课题，作为教师，不要错过任何一个有可能提高学生学习兴趣及增强成就感的机会。

（二）自我效能感理论

自我效能感指人对自己是否能够成功地进行某一成就行为的主观判断，它与自我能力感是同义的。这一概念是美国心理学家班杜拉最早提出的。如果人预测到某一种特定行为将会导致特定结果，那么这一行为就可能被激活和受到选择。例如在物理教学中，当学生确信课后认真总结思考、独立完成作业对提高成绩作用非常明显，他就会产生高度的自我效能感，会在课后认真思考并独立完成作业。自我能效感是影响学生自主学习能动性的一个关键因素，关系到学生自主学习效果和课堂教学效果。

（三）布鲁纳认知—发现学习理论

学习虽然受外界环境的影响，但主要遵从学习者内在认知结构。布鲁纳认为，学习是认知结构的重组和整合，每个学科都有自己特有的认知基本结构，教学者只要把握好适合学生认知水平发展的基本原理来设计教学，对教学大纲进行合理的编排，同时进行有意义的指导，任何年级的学习者都是可以掌握其结构的；同时学习不在于知识的多少，更多的是体会获得知识的过程，此过程包含了三个方面：习得、转化和评价，对已有知识进行提炼，通过转化、迁移、加工，把知识整理成另一种形式，把对外界刺激同化到原有的知识结构中，以便超越所给予的信息，学习也就成立了；比掌握学科的认知结构更重要的是掌握学科的学习方法和学习态度，所以他更加提倡"发现学习"，学习不是被动的，而是一个主动探索、求知的过程。因此激发学生的积极性、求知欲，使学生能够在自主学习的过程中，将学科的整体结构转化为自身的知识结构。

第二节　基于自主学习构建物理高效课堂的可行性与基本原则

一、基于自主学习构建物理高效课堂的可行性

随着新课改的不断深入，教育界越来越强调学生的自主学习能力。高中物理作为一门基础学科，对于培养学生的科学素养和思维能力具有重要作用。因此，构建基于自主学习的高效物理课堂具有重要意义。下面将从符合新课改的要求、符合高中学生的学习特点以及符合已有的教学实践经验三个方面，探讨这种教学方式的可行性。

（一）符合新课改的要求

新课改强调学生的主体地位，提倡学生自主学习、合作学习、探究学习。在这样的背景下，教师应当引导学生主动参与到学习过程中，激发他们的学习兴趣和主动性。自主学习模式正好符合这一要求，它强调学生的主动性和参与性，鼓励学生独立思考、发现问题、解决问题。这样的教学方式，不仅符合新课改的要求，而且能够提高学生的综合素质和实际能力。

（二）符合学生的学习特点

高中阶段的学生，已经具备一定的自学能力和思维能力。他们渴望得到更多的自主权，希望通过自己的努力来获取知识。自主学习模式恰好满足了他们的这一需求。在这种模式下，学生可以根据自己的实际情况和学习进度，选择适合自己的学习方式和方法，从而提高学习效率和质量。此外，自主学习还能够培养学生的创新精神和合作意识，这些都是高中阶段学生所必须具备的素质。

（三）符合已有的教学实践经验

经过多年的教学实践，我们发现自主学习模式是一种非常有效的教学方法。通过这种方式，学生的成绩得到了显著提高，学习兴趣和主动性也得到了激发。同时，学生之间的合作意识和团队精神也得到了增强。此外，这种教学方式还得到了家长和社会的广泛认可和好评。因此，我们可以说，自主学习模式已经得到了广泛的应用和认可，具有很强的实践性和可行性。

综上所述，基于自主学习构建物理高效课堂的可行性非常高。它符合新课改的要求，符合高中学生的学习特点，也符合已有的教学实践经验。因此，我们建议教师在物理教学中积极采用这种教学方式，引导学生主动参与到学习过程中，激发他们的学习兴趣和主动性，培养他们的创新精神和合作意识，从而取得更好的教学效果。

二、基于自主学习构建物理高效课堂的基本原则

在当前的课堂教学中，学生自主学习能力的培养已经成为课堂教学的重要组成部分。在这样的背景下，物理学科教学需要构建一种基于自主学习的课堂模式，以提高学生的自主学习能力，提高课堂效率。构建基于自主学习物理高效课堂应遵循的基本原则如下：

（一）明确教学目标，激发学生兴趣

在构建高效课堂的过程中，明确的教学目标是基础。教师需要结合学生的实际情况，制定明确、具体、可测的教学目标，使学生能够清晰地了解学习任务和要求。同时，教师还需要根据教学目标设计有趣、生动的教学活动，以激发学生的学习兴趣和积极性，使他们能够主动参与到课堂中来。

（二）创设问题情境，引导学生思考

问题是引发学生思考和探究的关键。在物理教学中，教师可以通过创设问题情境，引导学生主动思考、积极探究，从而加深对物理知识的理解和掌握。教师可以通过实验、案例分析、生活实例等方式，将抽象的物理知识转化为具体的问题情境，使学生能够更加直观地理解物理知识，提高学习效果。

（三）注重合作探究，培养学生能力

自主学习不仅要求学生能够独立思考、探究，还需要学生能够合作探究、交流讨论。在物理教学中，教师可以组织学生进行小组合作探究，鼓励学生相互交流、相互学习、相互帮助，从而培养他们的团队协作能力和沟通能力。同时，通过合作探究，学生还能够更好地理解和掌握物理知识，提高学习效果。

（四）及时反馈评价，激励学生进步

反馈评价是教学过程中的重要环节，对于学生的学习进步具有重要意义。在基于自主学习的物理高效课堂中，教师需要及时对学生的表现进行反馈评价，肯定学生的优点，指出他们的不足，并提出具体的改进建议。通过及时反馈评价，学生能够更好地了解自己的学习状况，明确自己的优点和不足，从而更好地调整自己的学习策略和方法，进一步提高学习效果。

（五）关注个体差异，因材施教

每个学生都是独特的个体，具有不同的学习风格和潜力。在基于自主学习的物理高效课堂中，教师需要关注学生的个体差异，根据学生的实际情况和需求进行因材施教。教师可以通过观察、交流、测试等方式了解学生的特点和学习需求，为他们提供个性化的教学方案和资源，使每个学生都能够得到充分的发展和提升。

（六）注重实验教学，提高实践操作能力

物理是一门以实验为基础的学科，实验是物理教学的重要手段和方法。在基于自主学习的物理高效课堂中，教师需要注重实验教学，为学生提供充分的实践机会，让他们通过动手操作、观察、分析等方式加深对物理知识的理解和掌握。同时，实验教学还能够培养学生的实践操作能力和创新精神，提高他们的综合素质。

总之，基于自主学习构建物理高效课堂的基本原则包括目标明确原则、兴趣引导原则、自主探究原则和反馈评价原则。教师在教学过程中应该注重培养学生的自主学习能力，激发学生的学习兴趣和探究精神，同时注重反馈评价，及时调整教学策略，提高学生的学习效果。

第三节 通过自主学习构建物理高效课堂的策略

在新课改背景下，物理教学仍然存在很多亟待改革的地方，主要问题是许多教师没有走出应试教育的阴影，过分关注物理教学成绩和知识的传授，忽视教学互动过程和学生自主学习能力的培养，导致教学双方都很辛苦，影响了学生的可持续发展，制约了课堂教学质量的提高。下面就针对高效物理课堂背景下学生自主学习习惯的培养策略展开论述。

一、教师要明确物理学习过程中自主学习习惯养成的重要性，激发学生自主学习意识

在物理课堂教学过程中，教师应当在学生最初学习知识时便向学生明确养成良

好学习习惯的重要性，使学生真正认识到学习习惯对其发展的决定性意义。除此之外，教师可以结合相关实例为学生讲述习惯的重要性。这样一来，学生便能够主动地跟随教师的引导，积极地去探索，对物理知识主动学习，从而激发学生自主学习的意识，提高课堂教学效率，真正实现学生的全面发展。

二、理论联系实际，便于学生理解

物理知识与人们的生活实际联系较为密切，而多数物理知识均来源于生活，最终均运用于生活。鉴于此，在物理课堂教学过程中，教师应当将所教授知识与学生生活有效结合，使学生所学知识更加贴近于学生，从而使学生在教师引导下更加积极地去探索知识，真正理解知识。而在这一教学过程中，学生既学习了知识，又明白了物理学习的重要性，从而更积极主动地学习知识，从而养成了良好的学习习惯。

三、突出学生课堂教学的主体地位，教师引导学生自主进行探究

要想使学生养成自主学习的习惯，首先应当使学生在心中树立自主学习的意识和态度。然而受应试教育思想的影响，在传统教学模式下，对于物理课堂的教学，大多数时间是以教师的"满堂灌"为主，这样一来，由于物理这门课程本身的特点，学生便会成为被动接受知识的"机器"，物理课堂教学也会毫无意义可言，那么，物理课堂教学的效率也会十分低下，高效课堂也就无法形成。鉴于此，教师应当改变传统教学思想，在素质教育理念下，在课堂教学中有效突出学生的主体地位，为学生留出适当的空间和时间，引导学生进行自主探究学习。除此之外，教师对于课堂教学仍需要有效把控，在引导学生学习的过程中，适当地为学生抛出问题，使学生在教师问题的引导下，多角度、全方位地去思考问题。而学生自主探究问题的过程，也是学生自主思索的过程，这一过程又可有效激发学生的潜能，激发学生的创新意识培养创新能力，从而真正落实新课改后《普通高中物理课程标准》中对教师教学中的要求，使学生意识到自身主体地位的同时，使课堂教学过程真正培养学生的综合能力，使其综合发展，实现学生的全面发展，真正打造高效课堂。

四、培养学生发散性思维，为学生养成自主学习习惯做铺垫

在物理知识学习过程中，教师应明确物理教学的特点，使学生明白物理学习的重要性。除此之外，物理这门课程的逻辑性较强，新旧知识之间的联系较为紧密，同时学科之间也并不是孤立地存在，而是有着一定的联系。鉴于此，在教学过程中，教师应当注重培养学生在学习过程中多角度思考问题，拓宽学生的思维方式与思维角度，从而激发其创新意识与创新能力。在这样的教学前提下，学生便会灵活

运用知识，勤思考，养成良好的思维习惯，使其对于知识的学习更加容易，从而为其养成自主学习的习惯奠定基础，并为教师构建高效物理课堂夯实保障。

五、恰当运用情境教学方法，培养学生自主学习兴趣

高效课堂教学强调学生的情感体验，教师可以通过激发学生的情感，使他们对学习形成积极主动的内驱力。基于物理课程的枯燥和抽象性，教师必须首先让学生产生对物理学习的兴趣，能用有效的课堂教学手段和方法吸引他们的注意力。教师可以运用情境教学模式，给学生呈现一个良好的教学氛围，在遵循物理学科规律和学生心理特点的基础上，创设出一个形象和生动的教学情境，增强课堂的画面感和想象力，让物理教学变得新颖别致，充满活力、动感和感染力。学生缺乏良好的自我控制力和主动性，教师结合教学内容和目标营造恰当的情境后，有利于学生受到合理的启发，在对现象的观察、分析的过程中，配合物理操作实验，通过同伴的交流和师生互动，更加深刻地理解物理概念、原理的内涵和形成，点燃学生的求知欲和兴奋点，加强学生物理学习的内在激情和动力，使物理课堂教学过程成为一种探究和享受的过程。可以采取多种情境创设的方法：融入生活中的物理问题、讲授有趣的物理轶事、进行生动的小实验、提出巧妙的问题等。例如"质点、参考系和坐标系"的教学，因为是新生入门的第一堂物理课，在导入时抓住学生的注意力非常关键，教师可以用多媒体播放出视频动画：飞鸟在天空展翅翱翔、学生在操场上踢球、太空中星球之间的自转和公转……教师提问：以上的画面中什么物体是运动的？我们的物理学如何定义这类运动呢？高一新生将身边的事物与物理教材联系起来，发现了物理学的生活性和趣味性，由此产生对物理教学的正确认识和态度。

六、灵活运用自主探究法，渗透自主学习物理的意识

自主学习习惯的养成首先需要学生有自主学习的意识和态度，传统低效物理课堂的主要弊端就是学生缺乏充分的自主学习的机会，教师过多过细地讲授和灌输，使物理教学变得死板和僵化，束缚了学生的独立思考机能，使学生沦为记录和记忆的考试机器。高效物理课堂在追求知识的掌握和运用过程中，还要积极构建良好的师生关系和教学模式，为学生提供自主学习和探究的时间和空间，让物理课堂真正实现新课程教学，学生不再完全依附在教师的思路中，将学生在教学中的主体作用充分展现出来，成为知识海洋畅游的主人。

教师应该设置合理的探究问题，能有针对性地刺激学生的思考欲望，调动抽象思维更加活跃，拓展物理知识和能力空间，在探究问题和思索的过程中发挥出自己的潜力，实现个性化教学和学习，使学生逐渐养成自主探究的意识和习惯，将物理

课堂教学变得更加丰富和立体。物理教学具有较强的实践性，可以让学生在对实验的观察和动手操作中，将深奥的物理理论演化成较为通俗易懂的现象，进而更加深刻地体会物理学的本质和规律。

例如在"伽利略对自由落体运动的研究"的教学中，教师可以提出探究问题：伽利略运用自己的理论推翻了亚里士多德对物体运动的观点，同学们能否用亚里士多德自己的理论去推翻亚里士多德的观点呢？教师通过提问题，组织学生进行自主探究，实现启发式教学和引导，让物理课堂真正变成学生的主动学习场所，学生在探究中能深化对自由落体运动的认知。教师在学生探究与回答过程中，应该给学生积极鼓励和支持，培养他们对物理学科的自信心，避免他们因为知识上的难度和教师的批评而受挫，失去对物理学科学习的勇气。教师要让学生充分提问和质疑，允许他们犯错误，鼓励他们努力表达自己的思路。

七、教给学生科学的学习方法，培养学生自主学习能力

自主学习习惯的培养不是一蹴而就的，需要教师科学系统地指导和训练，循序渐进中感悟出正确的适合自己的探究和学习方法，有助于在不依赖教师的情况下也能独立思考。良好的习惯促进学生终身物理学习发展，对学生的思维和能力起到开发和锻炼的作用。

教师应该帮助学生明确学习方法的重要意义。在发展自己的学习能力动机牵引下，学生会在学习知识和应用的过程中，更加重视对自身思维方式和做题方法的锻炼，不断反思和审视自身的不足加以改进。学生在教师的指导下构建一系列的学习计划，布置出各种物理学习任务，巩固自己的知识结构，更加清晰自己的实际情况，渐渐产生自主学习的兴趣。学法指导对物理教学有重大的价值，因为该学科的抽象性和高考难度是有目共睹的。鉴于此，首先要教给学生物理学习规律，如何观察和分析、开展常规的实验，如何科学听课，怎样阅读教材和写作业等；其次要根据物理学科的思维特点教会学生正确的学习方法，让学生能够独立分析和攻克重难点问题，集中精力解决主要物理知识，针对不同问题采取不同的思维方法，使学生掌握了自主学习的主动性。

教师要培养学生课前预习的习惯，因为自主学习主要指学生在没有教师和同学帮助情况下独立取得进步和成长，因此教师要指导学生如何正确预习，通常采取导学案方式，结合每节课的具体教学内容提出探究问题，一般先呈现出教材的基础知识，引导学生阅读教材中浅层次的概念和原理，熟悉知识框架，然后创设出有梯度的探究问题，让学生进行深度思考，有助于课堂上跟住教师的思路。通过一段时间

的训练后，渗透了阅读和预习方法，学生养成了良好的预习习惯，教师可以放手让他们自己书写预习提纲，真正实现自主学习。

在物理课堂中，教师应该抓住教学时机进行学法指导，尽量给学生预留出思考时间，在讲授重点难点的基础上适当"留白"，经过教师的合理点拨与引导，逐步提高学生的自主学习技能。多运用启发式教学和探究式教学方法，促进学生自觉发现问题、研究问题、应用知识解决问题，从题海战术和摘抄笔记的传统模式中解脱出来，实现独立思考和主动探究的课堂风格。例如在"力的合成"教学中，教师可以在导学案中列出提纲：掌握力的作用、两力平衡的条件、力的图示；明确大小相等、方向相同、方向相反的两力特征，知道任两力的合力与两力之和、之差的关系。通过预习培养学生对物理概念和物理规律的掌握能力，课堂讲授时渗透方法、归纳推理方法的讲解。

八、运用合作探究方法，提升学生协作能力

高效课堂不是指一帆风顺的结果，而是要给学生营造思考和问题情境，让学生在质疑和发问中提升思维张力。教师要善于布置开放性的探究问题，为学生独立探究创设难度和障碍，引发他们对物理知识在深度和广度方面的进一步思考，求助于同学之间的合作与互动，发挥集体智慧与能力，培养学生的协作意识和精神。教师结合具体的教学内容，布置探究问题让学生在小组中充分讨论，给他们提供一个交流和表达的平台，让学生在轻松和民主的氛围中积极抒发自己独到的见解，提出自己的疑问和观点。小组交流时要熟悉班级学生的个性化差别，将学生根据物理学习程度和学生思维能力划分几个层次，每个小组都进行不同程度的学生交叉分配，尽量做到小组之间能力均衡，小组内部学生分工科学合理，布置不同梯度的探究问题，让每个层次的学生都有所收获和进步，提高探究的效率和针对性。

例如在"弹力"教学中，针对"胡克定律"的讲解，教师可以设置合作探究活动，让学生分组进行实验，然后进行充分的探究，在交流与实验中感悟弹簧弹力的大小与弹簧形变的关系。教师再运用传感器，用计算机进行测量和处理，对实验结果进行分析。学生在合作中较好地掌握了胡克定律，锻炼了学生对数据的分析和探究能力，帮助他们探究数据关系，培养理解物理学规律的能力。

九、创设良好实验氛围，在操作中提高学生自主学习能力

物理学科离不开实验，自主学习能力的培养要给学生提供充分的操作性学习机会，调动学生在实验中的主动性和热情，在动手过程中更好地把握物理学科的本质。教师可以将一些学生能实际操作的演示实验改编成学生小组实验，让学生在小

组合作实验中近距离体会实验过程，在动手中提高对物理现象的观察和分析能力。教师可以设计出趣味性的实验和直观性实验，还可以在学生实验过程中配合讲解，让学生的多种感官充分活跃，在快乐和轻松中感悟出物理学知识。

例如在"重力基本相互作用"教学中，教师抛出问题：足球比赛中，球员踢球时球的状态由静止变为运动，当守门员接住球时球又变为静止状态，这些现象是什么原因变成的呢？教师可以让学生自己展开操作性活动：①用手压住锯条、橡皮筋，观察现象，思考变化原因。②扔出手里的格尺，拖动课桌上的本子，观察现象，分析变化原因。学生在小实验中，加深了对物体之间作用力的原理的体验。有些实验教材没有出现，教师可以选择适合的实验让学生自行想象和设置，锻炼学生的独立创新能力。教师在学生动手操作和实验过程中，应该给予有效与及时的指点，高效实现物理教学的课时目标和阶段性目标。

综上所述，物理教学中，教师应该不断摸索和探究先进的教学模式，选择适合自己学生实际的教学方法，在课堂中持续关注学生的学习主动性和能力的培养，让学生明确知识的形成过程，培养他们的动手操作能力和独立思考能力，在自主认知的基础上巩固物理学习效果，循序渐进养成良好的自主学习习惯，构建高效物理课堂。

第六章　基于小组合作学习的物理高效课堂构建策略

第一节　基于小组合作学习的物理高效课堂的概念

一、合作学习概述

（一）合作学习的概念

目前，从国内外关于合作学习的教学理论与策略的研究来看，研究者各自关注和研究的领域都有所不同，对合作学习定义的描述也存在不同的侧重。其中，合作学习的主要代表人物，美国约翰斯·霍普金斯大学（Johns Hopkins University）的斯莱文（Slavin）教授将合作学习定义为："依据小组的整体成绩和表现，作为小组内部成员评价或奖励的关键依据，从而激发小组成员完成任务的积极性和自主性，让小组成员之间通过科学合理地分工合作，共同完成一项任务，以此促进小组成员间的合作能力，这个过程称为小组合作学习。"另一位合作学习的重要代表人物，以色列教育心理学家沙伦则认为：合作学习是教学组织形式、管理手段以及课堂教学策略实施等一系列方法的总称。他说个体在学习过程中自动建立的合作关系，在课堂上自动形成学习讨论的小组，并通过相互间的合作交流，完成学习任务，促进个体和团队的共同成长。

笔者认为，合作学习既是学生学习的一种方法，也是教师组织课堂教学的一种有效形式。教师可以根据"组间同质、组内异质"的原则，为学生的自主学习和探究学习提供一个有效的施展空间，并利用小组的团体成绩，适当地结合个人表现进行评价和奖励，促使既定教学目标的顺利完成。学生可以通过互助式的交往合作，得到全面协调的发展，从而实现提高学习效率与学习成绩的目标，同时，还可以培养学生倾听、合作、协调以及交往等诸多优秀品质。

（二）合作学习的特点

对于合作学习的特点，不同学者的表述也不尽相同。但是有不少特点的内涵相同，其特点表现为以下几个方面：

1.合作性

小组学习是合作学习的基本形式。教师应当依照学生的性别、性格、学习能力等多方面的特征进行小组划分。学习的基础是共同学习和讨论，旨在为班级里的所有学生创造出更加公平的机会和更好的学习氛围。

2.互赖性

采用合作学习的方式将传统的只将个人成绩作为唯一衡量标准的方式进行创新。主要目标是小组共同的发展和进步，改变了传统教学过程中所采用的以个体竞争为主的交往方式。

3.目标性

参与到合作学习当中的小组成员，不仅需要自己争取到相关目标的实现，而且还需要帮助小组内的同学进步。通过长时间的合作和沟通，取长补短，共同实现学习目标。在合作学习的过程中，学生之间的信息和情感交流可以加深，促进思维以及智慧火花的迸发。这是合作教学方式和传统的班级教学方法差别最为明显的特点。合作学习的一些理论指出，学生的关系对于学生的综合发展影响更大，超过了其他影响因素。

4.竞争性

在传统的模式下，学生之间构成的是一种个体竞争关系。而在合作模式下，小组内的学生是合作关系，不同组别之间则会构成集体性的竞争关系。合作过程中学生会对小组产生归属感与荣誉感，更加积极地提升自身的学习能力，让小组更好地参与竞争，增强了学生的集体荣誉感。

（三）合作学习的基本要素

在教学实践中，要使合作学习区别于其他的教学活动，小组活动必须具备特定的品质，即合作学习的基本要素。约翰逊兄弟建立了五因素理论，这一理论已经得到了领域内学者的广泛认同。它包含以下五个方面的内容。

1.积极互赖

约翰逊提出，在合作学习这一模式下，小组的成员之间必须建立一种互相依赖的积极关系。具体来说，这种依赖体现在如下几个方面：

（1）积极的目标互赖

为能够强化学生之间在目标层面上的相互依赖，教师应当面向学生制定出明晰的学习目标。此时组内的学生将会以目标为核心而共同努力，进而建立互相依赖的关系。

（2）积极的奖励互赖

在小组实现学习目标后，全部的学生都能够获取嘉奖，常规奖励能够提高合作的积极性，学生为了获取奖励，将会与其他的成员建立一种互相依赖的关系。

（3）积极的角色互赖

在达成学习任务的过程中，小组内所有学生都必须承担自己的责任，充当不同的角色。这些角色之间将会构成一种互补的关系，只有不同角色之间相互协调才能顺利实现学习的目标。

（4）积极的资料互赖

教师在进行学习资料发放时，每个学生获得的资料不同，此时如果学生想要达成学习目标，就必须对彼此所掌握的资料进行分享与交互，进而构成资料互赖的关系。

2.面对面的促进性互动

约翰逊等人提出，小组的成员之间必须通过面对面的方式进行交互，进而改善教学活动的效果。

（1）学生在相互讨论与沟通的过程中可以提升对理论知识的认知水平。

（2）通过面对面的沟通与交流，小组内的学生之间将会构成一种微型的社会，此时学生交流的过程也是社会交往、学习社会规范的过程。在交往的过程中，每个成员都必须对组内的其他成员负责，此时学生将会建立与人合作的能力以及社会责任意识。

（3）在交流的过程中，学生们彼此了解并学会与人交往的方式，建立了一定的人际关系，提升了自身的人际交往能力。

3.个体责任

教师在对学习任务进行布置以后，小组内每个成员都必须承担相应的责任，只有这样才能够提升成员之间的协调性，为学习任务的实现提供保障。另外教师在对学生进行评价的过程中也应当考查学生的责任履行情况。

4.人际和小组技能

在开展合作学习的过程中，学生的人际交流能力将会直接决定小组学习目标的实现水平。如果小组内的学生都能够拥有良好的交往能力，此时小组也将会更为高效地完成学习任务，取得更加理想的学习成绩。

5.小组自评

如果要确保合作学习充分发挥出其应有的效用，每个小组都应当定期对自身的合作能力、学习能力等进行反思和评价。

对合作学习的基本要素的研究，领域内也有一些研究人员提出了差异化的看法。比如学者斯莱文提出三因素理论：在落实合作学习这一模式的过程中，应当首先确立小组目标，其次教师应当确保所有小组获取成功的机会都是平等的，最后应当明确不同成员所承担的责任。研究人员库艾豪提出的四因素理论指出：在开展合作学习的过程中，教师应当首先对小组进行划分与管理，其次应当面向小组进行学习任务配置，再次小组之间开展社会性的交流活动，最后小组应当围绕学习的目标进行探索性沟通。领域内围绕合作学习基本因素的研究较多，虽然学者们对于合作学习基本因素的表述上有差异，但是，我们也发现，在各种论述中，有一些因素是共同的，就是合作学习的关键因素，我们应该予以关注。

（四）合作学习的基本方法

从20世纪20年代开始，社会心理学领域开始探究合作问题，不过将合作学习具体运用到课堂中是从20世纪70年代开始的，运用最广泛的基本合作学习方法有以下几种。

1.切块拼接法

阿伦逊及其同事设计了切块拼接法。每个学习小组包含六个学生，教师将会在课前对学习资料进行分割，每个学生只需要学习一部分内容，各小组中学习同一内容的学生先对共同分享的资料进行讨论学习，掌握后返回原来的小组，此时小组成员各自掌握了不同的资料信息，他们将此前讨论得出的知识传授给组内的其他成员。

2.共同学习法

约翰逊建立的共学模式提出教师应当依据学生的特征，将不同的学生划分到一个小组之中，并面向小组制定出学习任务清单。其后小组内的成员将会通过共同合作的方式实现学习任务。在评价阶段，教师将会依据小组的成绩来决定是否要给予一定的奖励。

3.小组调查

研究人员沙伦建立了小组调查模式。他提出应当选择两人到六人构成一个小组，教师将学习目标划分为多个小课题，并且将每个课题划分为两个到六个任务。每个学生根据自己的任务开展活动，每个小组完成报告后，向全班展示他们的收获和发现。

二、基于小组合作学习的物理高效课堂的概念

在物理课堂上，各小组成员通过课前的自主学习和研究，将前期掌握的知识和

遇到的困惑在小组内进行互相交流、互相合作、互相帮助，共同对知识进行梳理，对重、难点问题进行分析，用小组集体的智慧化解个人遇到的问题，从而帮助每一位组员最大限度地提升物理成绩，让物理课堂的教学效率和学习效率都达到最大化。与此同时，学生在小组合作中，通过师生互动、生生互动、组组互动等多种交流方式，不仅提高了自己的学习能力和表达能力，自主性和积极性也会得到提高，新课改提出的三维目标也会轻松实现。这种利用小组合作学习促进有效教学，提升物理教学效率的课堂，称之为"基于小组合作学习的物理高效课堂"。

三、合作学习小组对物理高效课堂建设的影响

（一）合作学习小组的构建和主要功能

笔者在实验教学工作中结合物理学科特点及教学实验班学生的心理特点在物理高效课堂中采用小组合作学习的模式做了以下的实验研究探索，并取得了一定的成绩。以下是笔者的合作学习小组的分组原则、小组的规模、小组成员分层分工以及合作学习小组的主要功能。

1.小组的分组原则

合作学习小组是进行合作学习的基本单位，组建合理合作学习小组是有效开展合作学习的前提。"自愿组合前提下的教师微调的组内异质、组间同质分组"原则就是学生根据自己的学习能力、兴趣爱好、性格差异自由组合，教师再进行合理的微型调整以有利于合作学习的有效开展。在教学实践中笔者发现，这样的分组方式合作小组成员能够较为和谐地畅所欲言发表自己的观点和比较容易地接受其他成员的建议，有利于合作学习的开展和高效。当然，合作学习小组的成员并不是一成不变的。教师要通过观察学生的心理状态和学习状态，对于在合作学习中出现的问题与现象要给予指导解决，不定期地对合作学习小组进行适当的微调，以照顾组间平衡避免因竞争失调导致部分小组积极性下降。

2.小组的规模

合作学习小组规模的不同小组学习效率效果的影响也是非常大的。欧美教育发达国家也有较多的小组规模方面的研究，由于各国的教育资源和国情不一样，合作学习小组的规模不尽相同，我国的小组规模一般为6—7人的小组，但是欧美国家一些研究者认为"3或4人的小组比大组有更大的效应值"[①]。考虑到我校目前大班化教学特点，结合教室空间和课堂问题讨论的特点，小组的组成模式进行区域分组是3人（同位）、6人（前后排），在课堂上需要讨论时，前排的3位成员反向与后排的3位

---

① 郭思乐.木欣欣以向荣：生本教育体系实践案例[M].合肥：安徽教育出版社，2008.

成员面对面或一对一或三人一小小组或整个小组讨论。

3.小组成员的分层分工

将小组成员按成绩分成高、中、低（即A、B、C）三个层次，每层两名成员，并在组内按成绩自愿结成帮扶对子。其中设物理合作学习小组组长、纪律监督员和作业检查员。高一年级组建合作学习小组时选择的小组长一定要具有一定的组织号召能力和表达能力，这样有利于合作学习的有效开展；同时，小组长还应有较强的责任感、协调能力、乐于助人、热心服务。纪律监督员负责监督和维持良好的小组合作学习纪律。作业检查员负责检查小组成员对导学案和物理作业的完成度。

4.合作学习小组的主要功能

合作学习小组是以小组这样的结构方式存在的，实现小组的功能性目标就是其功能，下面就从学生发展的角度对其功能进行分析。

（1）在物理课堂的小组合作学习中，每一个学生都是关注发展的对象，其中以学生对物理学科的文化修养以及社会性的培育为主要发展任务，这就是小组的功能目标。

（2）合作学习小组能够促进学生主体性发展，学生作为认识的主体、发展的主体，总是处在教学实践的学习活动中，并且在学习活动中发展自己的主体性，具体表现在：学生在小组学习中确立自己的主体地位，发挥主观能动性；学生在小组中以对象性活动的方式发展自己的主体性；小组成员在与他人的合作中发展自己的主体性。

（3）小组成员的个体主体性在小组中得到表现和发展有利于激发学生创新意识。合作学习小组能够使学生获得学科文化修养，学生在课堂上的中心任务是学习，把学生组成小组进行合作学习是为了每一个学生更好地完成学习任务，获得相应的学科知识和修养。学科文化修养是一种"能力"，是学科文化内化为学生个体的能力、人格所形成的。一个人的学习如果不能触及并把握某门学科中带根本性的东西，这个人就很难说具备了相应的修养这样的能力形成是学科学习的基本目的。[①]学生就是通过学习学科文化实现获得学科文化修养的。因此小组合作学习更有利于形成学生的学科文化修养，这样的修养是通过学生在体验式学习活动中对学习材料的对象性活动获得学科文化，即一门学科的核心知识。

（4）合作学习小组能够促进成员社会化进程，社会化是一个社会学的概念，它指的是"自然人成长为社会人的过程。社会通过各种教育形式，使自然人逐渐学习

---

① 李希贵.面向个体的教育[M].上海：华东师范大学出版社，2014.

社会知识、技能与规范，从而形成自觉遵守社会秩序的价值观念和行为方式，取得社会人的资格"。这是对社会化过程的强调。教育社会学则从人们学习或接受的过程来规定社会化。社会化都是一个过程，角度不同，社会化的方式就有不同。个体社会化主要有社会比较、角色引导、社会学习等方式，这些方式有一个共同点就是个体间产生了交往，交往的过程就是个体社会化的过程。合作学习的小组正是促使其成员社会化进程的有利场所，小组合作学习中通过与他人的交往实现深层次的人际交往的发生，这就为社会适应性的培育提供了环境，提供了现实的可能性。

（二）小组合作学习对物理高效课堂建设的影响

小组合作学习是新课程改革积极倡导的一种学习方式，它充分体现了以学生为中心和以人的发展为本的教育理念。大教育家孔子曾经说："三人行，则必有我师"，"独学而无友，则孤陋寡闻"。阐明了彼此切磋技艺、交换心得，有助于个体的学习。小组合作学习的价值就在于在课堂教学中通过小组合作学习方式有效提高学生的物理学习兴趣，最大限度地调动和发挥学生的内在潜力，激发他们的学习欲望；能有效促进学生合作意识与技能的培养和发展，激发学生的竞争意识和集体荣誉感；能有效提高学生对物理知识的理解与掌握能力；从而实现物理高效课堂的建设。

四、相关教育理论

（一）社会互赖理论

1.社会互赖理论的起源

社会互赖理论起源于韦特海默的格式塔心理学（gestalt psychology）和勒温的群体动力学（group dynamics），由美国社会心理学家多奇在1949年首次提出，主要针对个体间在合作性和竞争性环境中，彼此互相影响的互动方式、行动效率、结果以及内在心理过程的研究。

2.社会互赖理论的核心内容

社会互赖理论的核心内容是合作，用来支撑人类群体活动的三种形态，分别为互助、协作和合作。互助是合作的低级形态，具有感性的特征；协作是相对高级的合作形态，包含工具理性的内容，可以加以设计和计算；合作是最高级形态，它超越并包含了工具理性内容，可以看作是人类高级的理性实践和现实表现。社会互赖理论认为，互赖会对心理过程中个体之间的合作格局产生影响。积极互赖强调个体合作资源的搭配组合，整体的共同发展与社会支持可以得到充分的利用。当整体中的某个或某些个人不幸遇到困难或遭受意外时，群体中的其他成员可以提供支持与鼓励。使受挫个体及时得到动力的促进，调整心情来化解困难，战胜挫折。在理想状态下，群体中的每个个体都是机动的元素，可以对其他个体的缺陷进行弥补，动力进行催化。群体中的各个元素都会认同整体的共同目标并渴望达成，会付出自己力所能及的努力，且不畏惧牺牲。

在深入研究实验后，约翰逊兄弟等人提出了社会互赖理论的关键要素。

（1）积极的互依性

积极的互依性需要每个团队成员的努力来产生较高的成就和创造性。目标之间互相依赖，能比独立个人奋斗产生出更高的成就和创造性，共同目标和成就奖励在彼此间的存在也能推动团队的前进。当个体需要团体中其他成员的资料时，如果双方目标不一致，就会出现只想获取而不想付出的情况。团队中还可能会出现某个或某些个体只想获得成就奖励但拒绝付出努力的情况。积极的互依性可以激励每一个人更加努力，团队运用高级的推理策略，可以促使目标更快更好地完成，使团队成员全面发挥出最好水平。

（2）个体职责和个人责任

在团体合作中，每个成员都为实现共同目标而努力，每个成员都有承担任务和风险的责任，职务明确。个人目标的成功或失败都会直接或间接地影响到其他团体成员的利益。正因为如此，团体中每个成员的个人责任感会激励自己努力做好工作。

（3）促进式互动

积极的互相依赖会产生促进式互动，促进式互动的特征是个人主动为团体中的其他成员提供有效支持与帮助，互相交换所需的信息和资源，从而达成共同目标。消极互动则会阻碍团队的成功，因为团体内的成员会为对方设置障碍。无互赖的个体只关心自己的资料和成就，不关心其他个体的努力与成就。促进式互动要以有规律的组织为基础，制定合理的组织进程，恰当地使用人际交往技能和团体技能来促进团体中每位成员的成功以获得最终共同目标的达成。

（4）恰当地运用社交技能

人是社会性动物，团体成员中的每一个人的成功经验，都值得其他成员的学习与借鉴。为促进团体中成员的成功，每个成员都需要有意识地学习他人的有效的经验，避免重新经历他人无效的经验。恰当地使用人际交流技巧，可以有效促进团体技能的提升。

（5）组进程

团体中的成员需要周期性的对他们所发挥的作用进行评估，并做出相应的调整，来增强和改善相互间的促进式互动。存在组进程的合作团体比不存在组进程的合作团体或单干个体的解决问题效率要高，小组间的每个成员也会为了获取更高成就来感染周围成员一起努力。组进程可以展示出小组各个成员的努力过程信息，通过共享过程信息，使团队的协作资源和协作策略得到更有效的分配和制定。

（6）构建竞争努力和个体努力的条件

在1999年到2003年的研究中，约翰逊兄弟等人逐步认识到竞争努力和个人努力之间的关系及重要性。在积极互赖的情况下，取胜已经不是最主要的目的时，就可以构建竞争条件来达到参与成员的多赢。竞争是建构性的，因为有关输赢的规则、过程及标准都是可以设计的。在互赖中加入合理的竞争，会使个体的努力最恰当的发挥。当所有参与成员都渴望成功，任务又单一、不可再划分时，成员就会自觉选择合作来完成任务。

3.社会互赖理论对合作学习的启示

社会互赖理论认为积极互赖产生促进性互动、消极互赖产生反向互动、无互赖不产生互动。所以，教师要想在合作学习产生积极的效果，必须通过加强个人责任感实现积极互赖，通过对社交技能和小组反思实现促进性互动，以此提高课堂的教学效率。鉴于此，基于合作学习小组实现物理高效课堂，可以从个人责任设计、互赖形态设计、社交技能设计、互动方案设计以及小组反思设计等多个方面入手，保证合作学习目标的顺利实现。

（二）生本教育理论

生本教育完全遵循"一切为了学生，高度尊重学生，全面依靠学生"的教育宗旨，认为学生的学习天性是一切教育的原动力，只有一切从学生出发，让学生真正成为学习的主人，才能发挥教育本体最自然、最本源、最先发的学习天性，从而形成良好的动力体系，最终实现教育的高效高质。[①]

小组合作学习必须将学生作为课堂的主体，教师则以一个领路人、导航人的身份，挖掘学生的学习天性，培养学生的主人翁意识，逐渐让学生养成主动思考、主动探索的学习精神，变被动接受为主动获取，才有可能实现真正的高效课堂。结合人教版《物理·必修1》高一的课程安排来看，第一章"运动的描述"中，大部分知识点完成基于学生在初中物理学习期间的认识，相对而言学生比较容易接受，因此，只要教师在课堂上稍加引导和提升，学生完全可以通过自主学习了解相关知识点，再结合合作学习完成知识的应用。以此类推，第二章"匀变速直线运动的研

---

① 郭思乐.木欣欣以向荣——生本教育体系实践案例[M].合肥：安徽教育出版社，2008.

究"学生可以通过前一章"运动的描述"中知识的铺垫，轻易地突破物理的重点和难点知识的学习，从而提高学习兴趣，增强自信。

（三）社会凝聚力理论

社会凝聚力理论认为合作学习之所以能够提升学生的学习成绩，改善课堂教学效率，主要是社会凝聚力起到的作用。因为小组合作学习时，学生间的互相帮助，是出于对小组集体的关心，对小组成员的关心，他们彼此都希望对方获得成功。与动机理论相比，凝聚力理论更倾向于个体对集体的认同，而动机理论更侧重于集体为个体创造的利益。鉴于此，持动机理论观念的教育者比较重视小组奖励和个体责任，希望通过这两点提高合作学习小组的学习效率。而认同社会凝聚力观念的教育者则更愿意在小组组建活动、学习讨论或小组活动后的自我评价中多下功夫。以社会凝聚力理论为依据的沙伦、阿朗逊等教学专家在其创设的合作学习方式中，一直秉承"利用挑战性和趣味性的学习任务，让学生在合作学习的过程中获得高度的奖赏性评价，而不单独对小组中个人贡献或成果进行评价"的原则。所以，沙伦在"小组调查法"中，各小组成员集体承担课题，然后对某个课题进行集体讨论、集体介绍，最后进行小组整体评价；阿朗逊在"切块拼接法"中，也是将多个课题分配给小组内每个组员，由每个小组内承担同一课题的成员与"专家组"进行交流，然后回到各自小组内轮流讲解，最后根据小组集体成绩进行评价。上述方法都是为了在小组内部形成一种促进性互动，让每一个小组成员都可以为集体发挥积极的协调作用，使小组和班级的整体功能得到有效的发挥，形成强大的社会凝聚力。

（四）认知精制理论

认知精制理论是以认知心理学信息的保持为基础的。认知心理学认为：如果要使新的信息与记忆中已有的信息相联系并保持在记忆中，学习者必须对新材料的信息进行某种形式的认知重组或精制。韦伯等人的研究发现，在合作学习中，为其他学习个体和群体进行详尽的解释工作的学习个体要比倾听的学习个体受益更多，发展更快，成长更显著。笔者通过小组合作学习的实验教学实践也发现，在小组合作学习的过程中，组员的受益程度是与组员做的合作交流讨论、展示与质疑等解释工作成正比的。这说明在小组合作学习过程中，做解释工作越多的组员学得更多，理解得更深刻。由此可见，基于小组合作学习的物理高效课堂符合认知精制理论的要义。

（五）动机理论

动机理论认为：目标结构有合作型、竞争型和个体型三种方式。合作型目标结构（与竞争型相反）创设了一种当合作学习小组完成小组的整体目标的时候，组员才能实现达成自己的目标。在这种内在动机的捆绑驱使下，小组成员的合作便显得尤为重要。各组员就积极地投入与组员的合作，互相帮助、互相鼓励、互相监督、互相激发各自的潜能来完成小组的共同目标，从而达成小组的整体目标和个体目标。这种合作型的目标结构把合作学习小组中的个人成功与小组成功结合在一起，小组成员在帮助他人的过程中同时也在提升自己，同时成员个体学习成绩的提高也有利于小组整体成绩的提高。在这种动机驱使下从而实现小组合作学习的物理高效课堂的实现。由此可见，动机理论是小组合作学习的物理高效课堂的重要理论之一。

（六）班杜拉的社会学习理论

在社会学习理论发展的进程中，班杜拉是其中比较具有代表性的人物。他指出学习就是观察和模仿榜样。人的行为会和其所处的环境相互作用，这一理论所探讨的也是人的认知、行为和环境之间的关系，最终在交互作用下对人类的行为产生影响。按照他所提出的理论，学习的过程如下：学生一般先对榜样进行观察，不仅可以观察其行为，还可以看到榜样得到的收获。因此说，榜样所带来的力量也是无穷的，只有榜样的作用得到了发挥，学生在遇到类似的问题之后，才会采用榜样的经验和感悟来处理问题，也就是观察学习，将其称之为"示范进行的学习"。

合作学习过程中，社会学习理论是其开展的重要理论基础。学生们仅仅凭借着自己的努力显然无法提升他们的学习积极性。学生们当中存在着很多的学习资源，一些学生的学习习惯良好，一些学生勤奋刻苦，有的学生表达和沟通能力良好、掌握了灵活的学习手段，这些都可以成为学生们学习的典范。周围一些在学习上能力比较弱的学生可以受到这些榜样的鼓舞和感染，就会采用和榜样相似的方法，最大限度得到成功。采用观察学习的方式可能会比老师教育的方式更加直接有效，更容易提升学生们的学习积极性和主动性。教师和学生之间因为生活经历、教育水平等多方面的差异，可能会存在代沟。而学生之间年龄相仿，认知水平相近，他们在交流和沟通的过程中更容易被认同。

（七）罗杰斯的自由学习理论

罗杰斯建立的自由学习理论提出所有个体都生而具有学习知识的意愿，同时也拥有实现这一意愿的能力。在外部环境的支持作用下，个体的这种情况和能力将会得到充分的激发。在这种情况下，学生不需要教师以十分细致的方式对知识进行讲解，也不需要教师来决定学生应该学习些什么内容。学习应当是自由的，学生需要在一个自由且安全的氛围当中学习，让学生可以感受到每天所学习的内容是他们感兴趣的，这样才可以更加主动地接受知识，也就自然而然地引起探究。教师的任务也在这种情况下发生了变化，不需要采用传统教学当中的说教和教诲。在学习过程中，教师承担的责任不应当是教授学生知识、内容与方法，而是应当为学生提供丰富的资源，当他们遇到困难的时候，可以提供相关的帮助。当他们有挫败感的时候，可以给予及时的鼓励。

在合作学习当中可以看到自由学习理论的相关特点，在很多情况下，学生可以自由组队，选择想要解决的具体问题，进而确定研究过程中采用的研究方法，最后获得相应的成果。在学习过程中，教师承担着引导者与促进者的角色，只是在课前帮助设置好问题，当学生出现问题时及时给予指导和帮助，在课程结束时给予点评和激励等。学生始终应当是课堂的主体，尤其是在自主学习的环节，学生的学习和交流应当体现出学习的自主性特点。

从人本主义理论中的相关内容可以发现，学生的第一个角色是人，然后才会扮演其他角色。而人的内在需求包含探索和求知，当人处于民主和谐、安全的学习环境时，即便是没有了管束和教导，依然会十分愉快地学习。

（八）马克思的社会交往理论

马克思开创了社会交往理论，他认为个体在寻求生存与发展的过程中必然要开展社会交往活动。在交往中不可避免要产生合作。社会交往理论指出，人们在合作的过程中不仅可以实现个人的目标，而且还可以得到更加良好的人际关系。在小组中，个人的努力不仅体现了自己的价值，同时也展示了集体的成果。这种双赢的结果会促进成员们更加积极努力合作，以此来争取集体的成功。

这一理论指出人和人之间的合作很有必要，可以使集体的凝聚力和向心力得到提升，加深成员之间的友谊。如果在一个小组当中选择了不同资质的学生，在构成小组之后，学生们之间的沟通和交流，会让彼此之间的互动增多，变得更加和谐。若这种和谐的关系可以上升为友谊，成员们之间的关系也会变得更加稳固。

在合作学习方式具体实施的过程中，教师需要为学生提供的是一个更加尊重、理解且依赖的教育环境，在交流的过程中让每个学生都可以选择自己喜欢的小组。每一次的任务在圆满结束后都会增强成员们的成就感，而且在多次的合作之后，不同的成员之间便会形成不可分割的关系。这也就形成了一种互赖关系。

五、合作学习与物理高效课堂教学融合的原则

（一）主体性原则

学生是学习的主体，是学习的主人。物理课堂教学中要让学生参与学习过程，参与知识获得的过程，通过自己的努力获得知识，得出结论。在合作学习中，要尊

重学生的意愿，选择学生愿意参与的学习活动，让学生自由地、大胆地展示自己的才华，发挥自己的个性特长。教师要从学生的实际出发，根据教学内容的特点和班级学生的实际，灵活地运用教学方法，引导学生主动、自主地参与学习，真正成为学习的主人。

（二）全体性原则

素质教育面向全体学生，促进每一个学生的全面发展。因此，在物理课堂教学中要为每一个学生提供参与学习、展现自我的机会。在合作学习中要尊重学生的差异，善待学生差异，让每一个学生都能得到充分的发展。由于每个学生的生活经验、思维方式、知识水平都有所不同，因此教师要为学生留出一定的空间和时间，让每个学生都有机会发表自己的看法，展示自己的成果。

（三）开放性原则

开放性原则是合作学习的重要原则之一。在物理课堂教学中教师要为学生创设宽松、民主、和谐的课堂氛围。一是教学内容的开放。教学中既要有本学科的基础知识，又要涉及相关的知识领域。如在学习牛顿第二定律时，让学生研究自行车在哪些情况下加速度增大而所受合外力并没有增大等现象；在学习光的折射时，引导学生探究鱼的深浅等趣味问题。二是教学过程的开放。课堂上学生提出的问题或教师提出的问题、学生之间的讨论问题等等应让学生自由讨论、探索，不要急于把答案说出来。要相信学生有能力解答这些问题。三是教学形式的开放。要结合学生的实际和教学的内容采用小组合作学习的形式。根据不同的内容可以运用同桌合作、小组合作、全班交流等形式进行合作学习。四是评价的开放。对学生的评价要以过程评价为主，不要只看结果、不看过程。不要只凭一次考试成绩就给学生下结论。要注意学生的个体差异，允许学生达到不同的层次和水平。要肯定学生的努力和成绩，增强他们的自信心。五是时间和空间的开放。给学生留出一定的时间和空间，让他们自己安排预习或探究学习。六是允许走弯路和犯错误。学生正是在不断犯错误的过程中获得成功的体验的，这是走向成功的开始。所以在教学过程中应尽可能地让他们自主体验学习过程，鼓励他们进行探索和创新，这样学生才会主动学习，主动参与其中。

（四）探究性原则

《普通高中物理课程标准》特别强调探究性学习，强调培养学生的创新精神和实践能力。探究性学习是以问题为载体、以形成科学认识为目的的学习方式。因此教师在教学过程中要创设情境，引导学生主动地探究学习、创造性地解决问题。

探究性学习与合作学习相结合能更好地发挥学生的主动性、创造性，能促进学生之间的合作与交流。所以教师应设计可引起每个学生兴趣的问题或项目供他们合作探索、积极交流。合作过程要培养学生科学严谨的态度，要求学生敢于大胆质疑、争论、探索直至找出问题的答案；要求每个学生必须具备责任感和合作意识；教师要认真观察和收集每个学生的学习情况的信息来不断引导教学进程，同时给予表现优秀的小组和个人适当的奖励和荣誉激励；让学生在民主合作、探究中真正体验到成功的喜悦。

　　总之，合作学习的有效开展物理课堂教学不仅是教师必须思考的问题，更是培养学生学会合作的重要途径。只有通过不断尝试和摸索才能找到适合自己和学生的教学方法和途径。教师在教学中要不断总结经验教训才能使自己的教学水平不断提高。

第二节　物理高效课堂教学中合作学习小组构建的原则与要素

一、物理高效课堂的基本标准

　　在物理学中，效率（efficiency）是指有用功率对驱动功率的比值，当驱动功率一定时，有用功率越大，则效率越高。反映到物理的课堂教学中，物理教师传授的知识相当于驱动功率，当传授的知识量固定时，学生接受的知识越多，吸收得越好，有用功率越大，说明这样的课堂才是真正的高效课堂。笔者认为，物理高效课堂，就是教师在固定的课堂40分钟内，按照《普通高中物理课程标准》的要求，完成物理的课堂教学任务，保证三维目标在全体学生中得以顺利实现。鉴于此，物理高效课堂应该体现出以下特点：首先，作为学习的主体，学生要具有积极的学习兴趣和学习激情，利用有限的时间高效率地完成教学任务。其次，特别是新课改实施后，在课时减少、教学目标任务增加的双重压力下，作为知识的向导，教师要保证知识讲解的清晰简明，为学生的探究性学习留有足够的时间。第三，课堂上，要不断激发学生探究学习、质疑学习以及讨论学习的积极性，营造师生间、生生间浓厚的学习氛围和融洽的学习关系。第四，在课堂教学中，要体现出自主学习、合作学习和探究学习等多种学习方法的灵活运用，对课堂学习容量有一定的延伸。所以，高效课堂的实现，必须保证效益与容量兼顾，以追求高效益为基础，努力提高课堂学习容量，保证短期目标实现的同时，兼顾学生终身可持续发展的中长期效益目标。

二、合作学习小组构建的基本原则

合作学习小组是以实现小组功能性目标而成立的一种组织结构。通过小组合作学习，学生的主体性得到发展，学生也在合作学习中逐渐认识到自己的主体价值，转变了以教师为主体的传统教学模式，真正将课堂回归于学生。对于学生而言，合作学习小组可以很好地关注到每一个小组成员的发展，提高学生对物理学科的学习兴趣，培训学生在物理学习上的文化修养，增进学生对社会性的适应能力。鉴于此，笔者在小组合作学习的实验教学中，根据物理学科的基本特点以及普通学生的心理年龄特点，在合作学习小组成员的组成规模、分组原则、个人分工以及小组在合作学习中发挥的主体功能四个层面进行总体的把握和控制，经过一个学期的实验，收获了一定的成绩，积累了一定的经验。其中，在小组成员的组成规模方面：目前，欧美国家的研究人员普遍认为，3—5人的合作学习小组是最合理的，太少则无法发挥团队的合作价值，太多则无法兼顾团队中个体的利益。但受到基本国情和教育资源的影响，国内的合作学习小组一般在4—8人不等，因此考虑到合作学习小组对学习效果的直接影响以及我校大班化的实际现状，笔者根据教室的空间特点，因地制宜，根据班级的座位设置固定小组成员规模在3人或6人（同位或前后排）。小组成员间既可以一对一，也可以一对二，还可以整体讨论，非常方便。

在小组分组原则方面：首先，教师要明确分组的要求，由学生自由选择小组成员。然后，教师在征求学生同意的情况下，对小组成员进行微调。最后，在小组合作学习的过程中，根据学生的学习状态和心理状态，不断对各个小组成员进行调整，确保小组之间的均衡，防止因竞争激烈或竞争失调导致的部分小组或组员的积极性下降。

在小组成员的个人分工方面：首先，根据小组成员的日常考核成绩，在小组内部设定A、B、C三个层次，并按照组员的意愿，结成帮扶对子。在日常的小组合作学习中，发现具有一定的组织号召力、较强的集体责任感和统筹协调能力的成员，委任为合作学习小组的小组长；对于个别学习能力强、物理作业完成及时且热心服务的成员，委任为合作学习小组的作业检查员。另外还可以根据小组成员的表达能力、学习纪律或个人特长，委任为合作学习小组的讲解员、纪律监督员或联络员等，以此提高小组成员的个人积极性和主动性，从而提高课堂的教学效率。

三、基于小组合作学习的物理高效课堂的要素

基于合作学习的物理高效课堂的基本要素包括：自愿组合前提下的教师微调的组内异质组间同质分组、成员间的积极互赖、面对面的促进性互动、具体的个人职

责、较强的合作交往技能、随机的展示机会、平等的质疑权利、积极的小组内部自治和评价规则等九个方面的要素。

（一）自愿组合前提下的教师微调的组内异质、组间同质分组

学生根据自己的学习能力、兴趣爱好、性格差异自由组合，教师再进行微型调整，以确保同学们在进行小组合作时能畅所欲言，毫无保留地与组内同学分享研究成果。这样的分组一是能保证每组学生水平大致相当，二是保证同学们以愉快的心情进行小组合作交流，培养学生的自学能力、与人交往能力和团队合作意识，激发学生的创新能力。[①]

（二）成员间的积极互赖

学生必须明白自己是组内的一分子，只有组内每一位成员都积极地参与小组活动，小组任务才能顺利地完成。组内成员如同家庭成员一样是密不可分、荣辱与共的关系，大家要相互帮助、互相依赖、共同努力，只有当自己与同伴都获得成功时，才能达到目标。在这一过程中组内成员一方面要认真完成自己的学习任务，另一方面要积极配合帮助其他成员，形成一种互相依赖、互相负责的关系。构成这一关系常用的方式有：①整个小组任务的有效完成依赖于全体小组成员的努力，只有小组整体任务的完成，小组成员才能根据其表现获得相应的奖励。②引导合作学习小组讨论确定小组的共同目标，成员间通过互相协作帮助共同达成实现目标。③每个合作小组成员都得为小组任务的达成积极收集资料与信息，逐渐完善小组学习资料，并毫无保留地与其他成员积极共享。④确定并完成合作学习小组共同目标，通过对目标任务的分解，不同组员分配一定的子任务，共同努力积极配合，以实现整体目标的有效完成。

（三）面对面的促进性互动

合作学习小组共同目标的有效完成离不开每个组员的积极参与，在小组合作学习中，每个成员都是一个重要角色，离开谁都不行，只有激发全体小组成员的积极性，相互督促，形成面对面的促进性互动。在小组成员间积极互赖实施过程中，相互鼓励、支持、帮助和面对面的交流对促进小组内成员形成积极互动、共同完成任务有重要帮助。面对面的促进性互动优点明显，真实生动、充满活力的课堂由此产生，为满足各组员的表达和交往需要提供环境支持。在面对面的促进性互动中通常有以下效果表现：①小组成员在组内讲解他的个人对问题的理解和认知结果时，不

---

① 曹平安.对高中学生心理健康问题剖析及对策研究[J].中学教育，2015（11）：38.

仅其他成员受益，笔者也因此加深对该问题的理解。②在面对面的促进性互动中，可以激发成员的表达表现欲望，因此不同的表达方式方法交相辉映对彼此的表现提供积极反馈。③在面对面的促进性互动中，迫使学习习惯不良、动力不足的组员跟着小组的步伐前行，逐步进步。④在面对面的促进性互动交流中可以建立并加深小组成员间的友谊感情。

（四）具体的个人职责

个人职责是指在小组的合作学习中为实现达成小组的共同目标小组内每个成员应承担的任务和责任。只有人人有任务、人人有事做、人人都必须做好，才能避免小组成员吃大锅饭的现象，这样各小组成员的积极性得以激发，积极参与自主研究合作学习的进程中，从而获得最大限度的提高。这与社会心理学的研究发现保持着高度一致，因此，为保障小组合作学习的顺利开展并取得预定的成效必须明确具体的个人职责，并且要制定详细的活动规范。例如：①合作学习小组组建后，在组内再一对一或一对二结成对子，形成必要的命运共同体，更利于小组共同目标的达成；②教师在小组合作学习过程中一定做好相应的监督提醒；③整体成绩评价的同时，必须有各成员个人成绩表现的评价；等等。

（五）较强的合作交往技能

有效开展合作学习，与组员的合作交往技能是一个非常重要的因素。只有良好的合作交往技能为高效的小组合作学习提供前提保障，同时合作交往技能的培养也是新课程改革的目标之一。组员如果缺乏合作交往技能，学习活动开展以及合作学习的效率效果将受到严重影响。鉴于此，合作学习小组成员非常有必要在教师的指导下进行合作交往技能的培训学习，促进小组成员合作交往能力的发展，为完成小组任务做好前提准备工作。小组成员必须具备：①相互认同和信任的组内文化；②成员间必须相互支持与理解；③高效准确的交流；④对学习问题可以发表不同观点，并思辨之。另外，教师应重视成员的交往能力，并对其进行培养，促进小组成员交往能力的发展，促进完成任务中成员间的沟通，让参与者能有更多的收获。

（六）随机的展示机会

随机的展示机会是指在课堂中随机地安排学生展示学习成果的机会，目的是防止学生只准备他自己的某个问题，积极迫使各小组成员尽可能地完成所有任务，随时准备随机展示学习成果。这一要素是合作学习能否取得高效的关键因素。笔者是这样操作的，课前备课时将学习内容分解并视学生能力水平分配展示任务，在学生小组讨论结束时将任务展示呈现给学生，给予3—5分钟的展示准备时间准备，随后进行展示。这样因为整个小组的集体荣誉能较为全面地调动各小组成员的自主、合作学习的积极性，从而实现高效课堂。

（七）平等的质疑权利

平等的质疑权利是指在学生展示成果的时候或者展示之后给予其他组学生平等的质疑权利，这样更能充分调动全体学生对展示同学的关注度，更能调动尖子学生的思维运转。平等的质疑权利可以激起百家争鸣、百花齐放的学习交流氛围，从而实现高效课堂。

（八）积极的小组内部自治

合作学习的评价以合作学习小组的整体成绩及个人成绩表现捆绑评价依据，合作学习小组的整体成绩及表现是评价的主体，成员个人学习成绩及表现的好坏是整个评价的一部分。鉴于此，合作学习小组的自主学习和合作学习的行为和效果共同决定整个合作学习小组评价中的地位，所以小组内部必须通过制定适合本组实情的相关组规以保障合作学习的有效进行，促进合作学习小组的成功，让人人都得提高，从而保证高效课堂的生成。

（九）评价规则

传统的评价方式是以学生的考试分数作为评价的标准，由此来衡量学生对所学知识的掌握程度。在这种评价的方式中，特别是现行高考制度中的平时的物理学科教学，多数学生的物理成绩不够理想，受打击程度大。无论从心理学还是学生的发展角度看，这都无益于学生健康心理和全面发展的。通过开展小组合作学习追求"不求人人成功，但求人人进步"的教育新境界以克服上述弊端。因此制定科学合理的评价规就十分的必要。怎样的评价规则才能是科学、合理的评价，既要关注促进小组的整体成绩及交流合作状态和情感价值的发展，又能兼顾成员个体成绩及过程的评价，以实现新课改物理课的三维目标。鉴于此，实验研究教学中，对小组合作学习可以从多个方面和维度进行评价。一般有这样几个方面：

1.教师评价

教师评价是对小组合作学习评价的重要内容和最重要手段，教师在小组合作学习的物理课堂中既要关注小组的团体表现（包括合作交流的形式、效率、任务的达成程度和团体成绩），也要关注小组成员的个体表现及状态等。对小组的评价，并对小组合作学习中出现的问题给予及时的合理的指导。

2.组内互评

心理学研究发现，学生个体是非常在乎同伴对自己的评价的，正确积极地的组内互评可以极大地激发学生参与小组合作学习的激情。鉴于此，小组合作学习的组内互评也是有其特有的重要性。组内互评的方式也是多种多样，有以评价项目表进行的方式，也有口头互评反思的形式。

3.组间互评

组间互评是指以小组为整体的组间评价方式，这样凝聚合作学习小组的力量，激发小组成员的责任心和集体荣誉观。总之以学生自我评价为主，定期进行诸如最佳学习小组、最佳小组长、最佳学习伙伴、最快进步小组奖等评选活动。评价小组时以小组团体的成绩作为评价标准，但同时不能忽略组内成员个体的评价。因此制定科学合理的评价与奖惩制度是开展高效的小组合作学习课堂的保障。

第三节　物理高效课堂教学中合作学习小组构建的方法与策略

一、合作学习小组采用的基本方法

目前，国内外关于小组合作学习方法的研究已经取得了一定的效果，而且很多方法在经过物理教学实验检验后发现，对学生合作意识培养和自然科学兴趣的提升具有显著效果，其中，以小组游戏竞赛法、小组调查法、小组成绩分工法、切块拼接法、共同学习法五种方法应用最为普遍，且对普通学生克服物理学习困难，圆满完成新课改的教学目标具有明显优势。

（一）小组游戏竞赛法

小组游戏竞赛法（Teams Games Tournament）由美国学者迪沃里斯和斯莱文创设。该方法主要利用定期竞赛替代学业测验，通过小组与小组、成员与成员之间的互相竞争，并针对小组的集体成绩，施以奖励，为小组成员提供为集体赢得分数，获得荣誉的机会，从而调动学生参与的积极性。但该方法不太适用于答案不明确和界定不清楚的教学目标，对拓展性和开放性较强的课程内容也不太适用。

（二）小组调查法

小组调查法（Group Investigation）由以色列特拉维夫大学的沙伦夫妇创设。该方法的教学评价标准主要强调个人对小组的贡献和小组对班级的贡献，所以，在教学过程的安排上，该方法强调教师对不同小组学习课题的安排必须具有个性化和分解性，要求每一个组员都可以有一份独立的小课题，小组内部自主完成研究内容的收集、整理、讨论和汇报，最后由教师和其他小组进行共同评价，对学习自主性的提高具有非常强的优势。但该方法经常需要将相关内容延伸到课外，所以在有限的课时时间范围内，运用此方法有一定的难度。

（三）小组成绩分工法

小组成绩分工法（Student team Achievement Divisions）由美国约翰逊霍普金斯大学的斯莱文教授创设。该方法强调教学过程必须遵循导学入境、教学目标呈现、小组合作学习、学习结果检测、小组分数展示、小组奖励评价等六项基本环节。通过该方法不仅可以提高教学成绩，对学生非认知品质的形成也具有良好的促进作用。但该方法要求小组各成员必须在成绩、性格、性别等方面具有明显的差异性，这样才有可能用学业水平的进步替代学业的绝对成绩，将合作与评价互相结合，从而促进学生的综合发展。

（四）切块拼接法

切块拼接法（Jigsaw Instruction Method）由阿伦逊和其同事共同创设。该方法主要强调对学习任务的个性化分工，让学生在合作学习的过程中，提高个人的表达能力和理解能力。该方法要求教师将一项学习任务按照学生的不同特点，分割成几个部分或主题，由每组内研究同一部分的组员互相研究和交流，然后回到各自的组内，向其他组员进行传授，属于学习任务与合作有效衔接的一种教学策略。但由于学生个体间存在的个性化差异，很容易造成学生缺乏对所学知识的整体性把握，因此在最后的总结时，教师要对整体内容进行概括性讲解和分析，以便学生形成知识的系统性结构。

（五）共同学习法

共同学习法（Learning Together）由明尼苏达大学的约翰逊兄弟创设。与其他利用促进性互动，强调小组成绩的方法不同，该方法主要强调教师的有效检查和小组的合理组建。该方法要求教师仅对小组整体分配统一的教材，各小组也仅需要提交一份答卷或报告，所有小组成员的个人成绩取决于小组的平均分，因此，最后的奖励或评价也是针对小组集体进行的。该方法的初衷是希望通过集体的凝聚力推动学生个体的积极性，从而提升全员的学习效果。但这种方法对小组组建和教师检查具有非常高的要求，如果处理不当，很容易出现优等生的优势被埋没、学困生的不足被忽视，对学生个人的能力提升非常不利。

二、小组合作学习的具体策略

（一）课前准备策略

课前合作学习小组的合理建立是以小组合作学习，打造物理高效课堂的一项重要基础。鉴于此，为了让小组合作学习真正促进物理课堂的教学效率，打造新课改下的物理高效课堂，笔者采用以下几种策略：

1.深入了解学生的基本情况

在展开实验教学前，笔者通过调查问卷的形式，对实验班学生的物理学习兴趣、学习习惯、学习态度以及对小组合作学习的基本认识和了解进行全面的分析，做到对学生基本状况的全方位调查和研究。同时，笔者在日常工作中通过与学生交流、活动等方式，拉近师生间距离，在充分掌握学生性格特点和日常习惯的基础上，在最大限度地尊重学生意愿的前提下，组建比较科学合理的合作学习小组。

2.确定合作小组的规模

目前，国外课堂将合作学习小组的人数确定在3—5人之间，而国内受班级人数和硬件条件的影响，一般将合作学习小组的人数制定在4—6人之间。笔者在掌握了全部学生整体情况的基础上，根据实验班的具体人数和学校硬件条件的实际情况，将全班分为10个合作学习小组，其中9组为6人，1组为4人。

3.合作学习小组的科学划分

为了保证合作学习小组间能够平等地竞争，小组内部可以形成促进性互动，笔者根据前期对实验班学生情况的调查了解，在保证学生自愿和男女生搭配的情况下，遵循"同组异质、异组同质"的原则，将物理学习成绩、语言表达能力、逻辑分析能力、动手操作能力、合作协同能力等方面各具特色的学生，组合在一起构建物理合作学习小组。

4.明确小组成员分工

为了保证人人有事做，事事有人做。笔者通过小组内部协商的方式，在小组内部设立小组长、检查员、汇报员、记录员、控噪员、计分员等职务，并根据实践效果对职务进行适当的增减，对人员进行定期的调换，让每一个组员都有担当相关责任的机会，体验个人的价值，挖掘出每个人的优势。

5.前期小组培训

为了让全体学生能够通过小组合作学习，有所提升有所进步，笔者分别对小组组长和小组组员进行单独培训。在小组组长方面，笔者通过座谈、"誓师"等形式，对组长进行鼓励，使其明确自身责任和作用，让其提升境界，珍惜机会；在小组成员方面，通过学生的"现身说法"和"学习金字塔"理论，提高学生对小组合作学习模式的认识，并对学生在小组合作学习中，如何独学、群学、自控、展示，如何倾听、交流、质疑、板演、拓展，如何整理学案、组内研讨、随机展示等问题进行集中培训。

（二）课间实施策略

以小组合作学习，促进物理高效课堂，必须坚持以人为本，以学生为主体地位，做课堂的主人，调动全体学生主动参与意识，实现全体学生的发展。鉴于此，笔者在小组合作学习的实验教学中，为了保证课堂组织教学的有序性和客观性，制定了规范的小组合作学习评价标准，同时，采用以下策略提高课堂教学效率。

1.合作学习前的自主学习

自主学习是合作学习的关键基础，只有通过自己动口、自己动手、自己动脑，对遇到的问题有多角度、多层面地推断和探究，才能从中体会物理学习的乐趣，收获一定的独学成果，加深对物理知识的理解和感悟。鉴于此，笔者要求学生在合作学习前自学时，一定要开口读、主动问，对教材和导学案中的重点、难点做好标记，并不断培养学生记录自学提纲的习惯。

2.合作学习时的表达、倾听、展示

为了让学生能够准确、清晰地表达自己的观点，笔者为学生的讨论提供充足的时间和空间，要求小组成员从敢说、多说做起，调动学生的参与欲望和表达欲望；为了培养学生善于倾听的习惯，笔者要求所有学生在他人发言时，记住要点，做好比较，不要随意插话，从他人的学习成果中吸取精华，充实自我，并通过随机抽查的方式，进行监督；为了增强学生学习的自信心，调动学习的积极性，笔者通过学习成果或学习困难分解等形式，为学生提供展示的平台，让全体小组在补充、质疑、解疑的过程中，取长补短，互相学习，最后通过小组评价和个人评价进行奖励。

3.敢于质疑，善于肯定

笔者经常鼓励学生，"为学患无疑、疑则有进"，要求学生在自学时，牢固树立自己的观点，讨论时要敢于发表自己的见解，提出自己的质疑，与此同时，还要对他人的意见，予以分析和吸取，善于对他人的学习成果给予肯定。在实际教学中，各小组的记录员将针对小组成员的不同观点进行汇总，由小组长组织集体研究，归纳出讨论结果，形成组内共识。

4.同组协作、组间竞争

小组合作学习时，协作和竞争是激发学习兴趣和个体积极性的关键因素，但都需要小组成员之间形成一种促进性互赖。鉴于此，笔者在课堂教学中，始终注意培养学生的集体荣誉感和个人责任感，通过协助组长分配好任务，保证责任到人；提高小组集体奖励或惩罚的力度，维护小组的整体性；教师只对小组的共同问题进行解答，对小组成员单独提出的问题不予单独解答；利用小组帮扶对子，结成"命运共同体"，实行"捆绑式"评价等方式，逐渐淡化个体，强化小组，从而在小组内部创造互帮互助的合作环境，打造小组间既紧张又愉快的课堂学习氛围。

5.小组合作学习活动的科学指导

在小组合作学习的过程中，笔者尽量不参与小组的实际问题讨论，只是针对小组合作讨论时暴露的问题进行及时的指导，做好课堂巡视，保证讨论过程的顺利开展，只有待小组展示后，对出现的问题分歧进行知识引导，确保小组学习过程的"纯天然"。

（三）课后评价策略

以小组合作学习，打造物理高效课堂的最终实现，必须依靠积极正确的小组评价，激发小组成员的物理学习兴趣和激情。鉴于此，笔者结合国内外小组合作学习中的先进经验和成熟性措施，从以下几个方面制定了多样化的评价标准：

1.个人自评

为了从不同角度了解学生在小组合作学习中的收获和成长，笔者要求小组成员个体通过自己在小组合作中个人分工任务的完成情况、个体与小组其他成员间的合作情况以及通过小组合作学习的收获情况，进行个体自评。

2.组内互评

教学过程中，教师不一定能全面地掌握每一个学生的表现情况，只有同一个合作学习小组的成员才最清楚彼此在小组中的真实表现。鉴于此，笔者采用小组内部互评的方式，对小组成员进行评价，以此为教师掌握和了解教学效率提供有力的参考。

3.组间互评

笔者要求，各小组针对彼此在学习结果展示、语言表达、疑难问题解答等环节中，表现出的表达能力、沟通能力、辩论能力等进行整体评价，并纳入小组总体成绩。为了确保评价的客观性和真实性，所有评价均采用匿名制，由每个小组的计分员统一控制。

4.教师评价

小组合作学习后，教师根据各小组计分员对小组组员个人评价和组内评价的综合结果了解学生个人的表现情况，根据小组间在合作、互助、展示等环节表现的组间互评结果以及随堂测试情况，形成小组总体成绩，并直接在黑板上进行记录。在课堂教学结束后，利用3分钟左右的时间，对各小组的整体成绩进行整理和排名，每次排名前三名的小组，教师都将颁发"荣誉勋章"，小组集满五个"荣誉勋章"后，可以换一个"王者之师"奖杯，以此类推，最终可以获得一定的物质奖励。此外，笔者根据小组成员个体在小组合作学习中的表现，评选"团队之星""黄金搭档""进步标兵""展示明星"等针对个人的表彰活动，通过多样化的评价标准和评价角度，让每一个学生都有获得表扬和鼓励的机会，以此激发学生对物理学习的兴趣，打造物理高效课堂。

第七章　基于高效"6+1"课堂教学模式的物理高效课堂教学实践

第一节　高效"6+1"课堂教学模式的实施

一、高效"6+1"课堂教学模式的理论基础

（一）诱思探究教学论

"诱思探究"教学论是陕西师范大学张熊飞教授经过多年教学实践探索出的一种新的教学理论。"师者，诱也，所以引路、开窍、促进也。学者，思也，所以体验、探究、创新也。"诱思探究教学论强调教师的引导作用和学生的主体地位，将教学教师的"教"变为"诱"，学生的"学"变为"思"，重点培养学生自我学习能力。

诱思探究教学论的理论核心是陶行知先生倡导的"怎么教学生学"，就是把教师的教转变为在教师诱导下学生真正地学。"诱思探究教学"可以说从根本上放开了学生的手脚，把学习的主动权交给了学生。"诱思探究教学"提出了掌握知识、发展能力、陶冶品德的三维教学目标。在注重知识教育和能力培养的同时，注重了学生的思想品德教育，使学生树立正确的学习观、人生观及世界观。什么是诱思探究教学呢？"诱思探究"就是诱导思维，探索研究。

张熊飞教授在"诱思探究学科教学论"的探究学习过程论中关于探究性学习方式的教学模式指出，教学过程三个贯穿要素的全程贯穿性，即"创设情境，激发情意""全身活动，心灵体验""及时反馈，促进同化"均贯穿于学习过程的始终，各个阶段都要适时发挥情意要素的激发性，观察探究要素的能动性、同化过程的反馈性。

高效"6+1"课堂教学模式把课堂的近三分之二的时间交给学生，学生根据教师给出的课堂学习目标进行独立思考，教师在学生自我探究过程中适时给予有效引导，培养学生独立思考问题、解决问题的能力。

（二）合作学习理论

合作学习理论是20世纪70年代在美国兴起的一种教学理论和策略，在20世纪80年代末90年代初推广至我国，并在教学中取得较好的教学效果。合作学习理论在课堂上的应用体现在将一个教室的学生分为若干小组，每组2—6人，小组成员能力各异、水平不等，以合作互助的方式一起参与学习，共同完成学习目标任务，以促进组内成员的个人学习水平的增长，以此来提高整体教学成绩。该理论不仅旨在提高整体学习水平，而且重在培养学生的合作精神、交往能力、创新精神、竞争意识等，更加能够激发学生的学习兴趣，激励学生主动学习。

合作学习的核心原则是"协作共赢"，即小组成员发挥各自优势，共同协作完成任务。合作学习的主要特点包括互动性、合作性、开放性和探究性。互动性是指学生之间相互交流和合作，共同完成学习任务；合作性是指小组成员之间相互协作，共同完成任务；开放性是指学生可以自由表达自己的想法和观点，共同探究学习问题；探究性是指学生通过合作学习，可以更深入地理解和掌握知识。合作学习的理论是在社会学习理论和认知心理学理论的基础上发展起来的。[①]

合作学习可以促进学生的交流和合作，使学生在互相讨论、交流和解决问题的过程中积累经验和提高能力。在物理学习中，许多概念和理论较为抽象，难以理解。通过合作学习可以让学生之间互相交流、分享知识和经验，从而更好地理解物理知识，提高学习效果。合作学习可以激发学生的学习兴趣和主动性。在小组中，每个学生都有自己的角色和任务，需要互相协作完成学习任务。这种活跃的学习方式可以激发学生的学习兴趣、提高学生的主动性、增强学生的学习动力。合作学习可以培养学生的团队合作能力和创新思维能力，在小组中，学生要互相协作、相互信任、互相支持，以达到共同的学习目标。通过这种方式，可以使学生更好地理解团队合作的重要性，提高团队合作的能力，培养创新思维能力。

因此，合作学习在物理教学中具有广泛的应用前景。合作学习可以促进学生的交流和合作、激发学生的学习兴趣和主动性、培养学生的团队合作能力和创新思维能力。教师可以通过灵活运用合作学习模式，探索更加适合学生的教学方式，提高物理教学的效果。

高效"6＋1"课堂教学模式中有一个环节"议"，该环节就是将学生分成若干小组，并在独立思考的基础上组织学生有序展开组内讨论。通过组内讨论交流共同学习，激发学生学习兴趣、激励学生主动学习。

---

① 王海.高中物理课堂如何利用小组合作学习促进学生深度学习[J].中学生数理化，2022（2）：44-45.

（三）巴班斯基教学过程最优化理论

苏联著名教育家巴班斯基在《教学过程最优化——一般教学论方面》提出了教学过程最优化理论，该理论认为，教学过程的各个组成部分以及师生之间的一切条件都是相互依存的，是一种科学指导的方法论。需要全面地考虑内外部所有条件的基础上，对教学过程进行安排，保证在规定时间内，按照一定标准来获得最大的效果。并且"最优化"并不是完美无缺的，是指在特定具体的环境下所能取得的最大的效果。最基本的标准包含两个维度，分别是效果和时间。其中效果是指受教育者在特定时间内，教学、教育和发展可以达到相应条件下对受教育者要求的最近发展区。①

（四）范例教学理论

瓦根舍因根据没有人可以完全地掌握整个学科的知识而穷尽所有的观点，提出了范例式教学理论。首先范例是一种具有本质、根本以及基础性质的典型事例，而范例教学理论是使学生通过特殊（范例）理解一般，通过"个"来探索"类"，即让学生从有限的范例中获得一般、本质性的东西，从而获得方法论和规律。它主张教学的典型性和关键性，将范例作为突破口，并且将突破口作为关键的节点，从而使知识进行有效的联系，进而形成较为完整的知识体系。②不仅可以使教学更加地开放而且还有助于知识迁移。

（五）多元智能理论

多元智能理论首次出现在美国教育家霍华德·加德纳的著作《智力的结构》中，该理论反对智力是一元的，认为智力并不是一种单一整合的能力，每个人的智能表现形式都是不同的，并且同一智能又有不同的表现形式。鉴于此，没有一种可以一劳永逸的方法，可以借助某个评价标准来验证一个人是否成功或者聪明与否。他认为每个人都具有八种基本智能，并且每种智能的发展程度并不相同。认为每个人都在不同程度上具有八种基本智能，对人何以为人，提供了一个更开阔的解释，且让我们深信"天生我才必有用"不再是空想。因此在教学中，学校不仅强调学生各种智能的发展，而且要调查分析每个学生较为突出的某一智能；学生在智能发展过程中，若未能在某些方面达到进度时，学校不能因此而对学生进行责备。③

---

① 汪建云.生物学课堂教学中学生创新能力培养的研究与实践[D].昆明：云南师范大学，2004.
② 陈春美.高中古诗词教学提升学生写作能力的研究[D].扬州：扬州大学，2018.
③ 庚强斌.教育公益性的坚守[M].北京：电子工业出版社，2011.

（六）发展性教育理论

发展性教育理论是教育学家赞可夫在他导师维果茨基"最近发展区"理论的基础上提出的，该理论强调教学能够促进学生得到一般的发展，这里的一般发展，首先不仅仅局限于认知方面的发展，而是全体学生包括差生都要得到发展。并且要求学生理解教学过程，掌握学习方法，同时还要培养内部动机和丰富的精神世界。强调教学培养的是全面发展的人，包括丰富的精神、纯洁的道德以及完美的体魄在个性中的和谐结合。[①]教师应该随着受教育者实际的潜在发展水平不断转换而改变困难程度，逐步带领学生向更高的要求前进，并且提高单位时间内的教学效率，不仅要扩大知识的深度，对理论的深度更需要加深。

二、程序框架

高效"6+1"课堂教学模式是一种高效性教学模式，旨在实现教学高效益、时间高效率，是全国著名教育专家李金池先生依据河北精英中学实际教学情况、集众家所长推出的教学模式。"6+1"模式由两部分构成，一是该模式中的"6"，指课堂教学中依次进行的6个环节，分别是"导""思""议""展""评""检"；二是该模式中的"1"，指课后的一个单独的环节"练"。

（一）导——新课开展、引导自学（2—3分钟）

"导"包括导入新课和引导自学两方面，教师要用富含感染力的语言或使用多媒体视频图片抑或是借助简单的小实验等实现新知识的导入，这个过程中要引起学生对新知识的学习兴趣，为学生营造一个良好的学习氛围。例如，对"摩擦力"的导入，就可以设计一个"筷子提米"小实验来吸引学生，让学生将注意力直接集中到课堂上，使学生能够直观感受"静摩擦力"的存在，将学生引入科学的"神秘"氛围。导入新课后就是引导学生开始自学，搭配课前发放的《课堂助学案》，教师用简洁明了的语言向学生阐述本节课的学习目标、重难点、自学要求和需要解决的问题等。

（二）思——独立思考、自主学习（10—13分钟）

这一环节的重点是学生要进行独立思考、自主学习，该环节是整堂课的基础，也是课堂能否顺利进行下去的前提。但是"思"并不是让学生盲目地、片面地思考，而是有目的地、有效地思考，这就离不开教师的指导，教师明确学生的学习目标，学生结合《课堂助学案》进行独立自主的思考和学习。例如，学习"自由落体

---

① 施新.基于"最近发展区"教学思想的初中生物教学策略研究[D].天津：天津师范大学，2014.

运动"时，可以引导学生这样去思考：首先，一张纸和一块橡皮同时从相同高度释放，哪一个下落得快？为什么？其次，将同一张纸揉成球状，再与同一块橡皮同时从相同高度释放，哪一个下落得快？为什么？最后，让学生发现两次结果的矛盾点，为什么第一次橡皮下落得快？为什么第二次又是几乎一样快呢？沿着这样的思路分析考虑去得出自由落体运动的条件，要比教师讲解更加生动且深刻。在这一环节教师要走下讲台，密切关注每一个学生的自学状况，要确保每一个学生都能够全身心投入到自学当中。

（三）议——小组讨论、合作互助（8—10分钟）

小组合作学习环节是高效课堂的一大特点，没有学生的合作讨论，就很难在课堂上真正引起学生的学习兴趣，更不能保证课堂的高效性。物理是一个晦涩难懂的学科，面对较为简单的问题，学生个人独立思考后可能就能够得出科学合理的解释；但是当遇到较为复杂的问题时，一个人的力量可能就是有限的了，这时在多人智慧的探讨与交锋后，复杂问题就会迎刃而解。例如，在学习"宇宙航行"中的"变轨问题"时，学生在讨论得出"低轨道变高轨道需要加速，高轨道变低轨道需要减速"后，会与之前所学的"高轨道环绕速度小于低轨道环绕速度"发生"矛盾"，产生"认知障碍"。此时组内成员针对此"矛盾"进行讨论交流，效果会比一个人独立思考要好得多，整个学习会得到进一步升华。为防止学生讨论思路发生偏差，教师要时刻关注学生的讨论情况，并适时加以引导。例如：讨论上述"矛盾"出现瓶颈时，教师可以适时引入"离心运动"这一学生已学过的知识点来启发学生的思维。需要注意的是，该环节各个小组大体水平相同，但每个小组的组内成员一定不能是处于同一水平的，而是要能力各异、水平不同。

（四）展——激情展示、提升自我（6—7分钟）

小组讨论后，学生按照既定的规则激情展示，教师鼓励学生主动上台展示自我，也可由组内成员推荐，在讲台上语言描述并适当搭配板书展示自己对本节课学习内容的见解。学生展示结束后，当组内成员认为有需要补充的内容时，需举手示意进行补充说明；当其他组成员持有不同见解时，在举手示意后可大胆发言。该环节的目的就是充分调动学生的积极性，使学生能够大胆展示自我，同时也能够勇于挑战质疑他人。教师在这个环节要充分发挥引导作用，引导、激励和肯定学生，帮助学生培养语言表达能力、自信阳光的个人魅力，同时也要确保课堂秩序井然有序。

（五）评——点评精讲、提高升华（4—6分钟）

在所有学生自学、讨论、展示环节都结束之后，教师要对学生的学习成果进行点评，肯定学生的学习结果，同时明确指出学生在整个学习过程（包括思考、讨论、展示环节）存在的不足，对学习内容进行纠正和补充。教师在"精讲"过程中并不是将本节课的知识内容以一种既定的标准"灌输"给学生，而是帮助学生梳理重难点，让学生能够将新学到的内容和脑海中已有的旧知识相融合，构建自己的知识框架。例如，在学习"摩擦力"这一节时，在继学生"思""议""展"后，教师要对这一节内容进行概括总结，重点总结方法、思路等内容，教师可总结摩擦力这类问题的解题思路：①明确研究对象和参考系；②找相对运动（趋势）；③确定摩擦力种类；④选择计算方式（二力平衡或$F_f = \mu F_N$）。总结起来就是六个字"定性、定向、定量"。

（六）检——检测反馈、内化知识（3—4分钟）

"检"即检测，将"检测"加到课堂教学中的最后一个环节，目的就是要当堂检测学生对于本节课内容的掌握情况，既检测了学生的学习情况，也检测了学习目标的完成情况。检测的方式有许多种，包括教师检测和学生自检，例如，抽查提问、出题检测和组间成员互考等。学生可通过这一环节内化自己所学的知识，对自己的学习情况进行反思总结；教师可以通过检测及时从学生那里得到教学反馈，继而可以根据实时反馈调整、优化自己的教学设计。

（七）练——学以致用、巩固知识（50—100分钟）

"理论要与实践相结合"，学习了理论知识后，要学以致用，该环节就是课下环节，在课堂外进行练习与实践。学生可以通过作业、习题检测、学生实验等方式来完成该环节的学习任务，其目的就是让学生更好地掌握知识内容，巩固课堂所学内容，将理论知识能够灵活应用到习题当中。对于学生的课下练习，教师要全部检查，并针对学生存在的问题进行答疑解惑，让学生养成收集典型错题，将典型错题进行分类整理的习惯。

三、优势所在

（一）课堂管理细化

传统课堂强调教师的主导地位，提倡"教学有法，教无定法"，简单来说就是在课堂上教师做主，怎么上课教师说了算。这样会导致部分教师在课堂中随心所欲地讲，一节课的时间可能都没讲多少真正有用的知识，导致学生只看热闹没学到知识。

高效"6+1"课堂教学模式所涉及的课堂六环节，都大致明确了每个环节是如何进行的、完成怎样的学习要求及任务和所需的时间。例如，第一环节"导"，要求教师引导学生回顾旧知识引入新课并给出本节课学习目标，分配时间为2—3分钟；第二环节"思"，要求学生基于学习目标进行独立思考，要求教师关注每一个学生的自学过程，分配时间为10—13分钟；第三环节"议"，要求学生进行组内讨论互助学习，要求教师参与到学生当中并适时引导学生讨论，分配时间为8—10分钟；第四环节"展"，要求学生展示自己的学习成果，要求教师有效组织该环节有序进行，分配时间为6—7分钟；第五环节"评"，要求教师点评学生学习成果、精讲学习规律、方法等，分配时间为4—6分钟；第六环节"检"，要求教师检验学生学习成果，要求学生自检或互检学习成果，分配时间为3—4分钟。"6+1"模式使得课堂时间、任务等更加细化，方便教师对课堂的管理、对学生学情的把握，方便学生更加有计划有规律地学习。

（二）颠覆传统课堂

传统课堂大多是教师讲学生听的"单向灌输"型、"传递—接受"型教学模式，是我国中小学教学实践长期以来普遍采用的一种基本模式。这种教学模式之所以能够被长期采用是因为它的优点突出，它能够有效地发挥教师的主导地位，能够使学生迅速有效地获得更多的知识信息。但随着新课改和素质教育的深入推广，教育更加重视培养学生的核心素养，传统教学模式中，学生的学习处于被动地位，学生只是聆听教师的讲解，没有进行独立思考，对教师产生依赖，缺乏自我发现问题解决问题的能力。

高效"6+1"课堂教学模式完全颠覆了传统课堂教学模式，将课堂交给学生，从时间分配上便可看出，该模式中的"思""议""展"这三个主要环节主体便是学生，也就是说课堂中至少有三分之二的时间是交给学生让学生独立思考、合作探究学习并展示学习成果的。教师在课堂起到"引导者"的作用，引导学生沿着正确的思路去思考问题，在学生遇到"坎坷"时适时点拨一下学生的思路，让学生通过自己的思考获得新知识，并主动将新知识与旧知识进行融合、重组，建构个人意识的认知框架。

（三）全面培养全体学生

传统课堂上，教师站在教室中的"主舞台"——讲台上进行授课，当教师全情投入到新课的讲授当中时，就很难兼顾班级里的所有学生，这样会造成"前排"学生在认真听课，"后排"学生闲聊、跑神、睡觉的情况出现，部分学生缺乏教师的督促会对学习产生懒散消极的心理状态，不利于教学活动的展开和教学任务的完成。

高效"6+1"课堂教学模式将课堂交给学生的同时，在课堂上"解放"教师，使得教师在课堂教学过程中有精力有时间去关注到每一个学生的思考方式、学习状态和学习成果，教师使用不同的方式去引导不同的学生进行思考和讨论，因材施教。不仅关注学生对理论知识的掌握情况，更加重视学生的学习状态和在解决问题时的思考方式，加强学生对理论知识和基本技能的训练的同时，培养学生逻辑思维能力、解决问题的能力等。

四、"高效6+1课堂"教学配套措施实施原则及要求

（一）导学案编制

1.原则要求

导学案是教师根据一节课教学知识的特点、教学目的、学生认知水平、知识经验，为指导学生进行主动的知识建构而编制的学习方案。导学案是集教案、学案、笔记、达标测评和复习资料于一体的师生共用教学文本，是"教学合一"的载体。

了解学生在本节课前已有的知识能力储备，以基础知识点为根基，注重知识结构递进阶梯，辅助一定匹配知识的练习题，突破重点、难点知识的理解和掌握。严格按教学目标进行导学案的设计，在具体目标的引领下，学生的学习将更有动力。

2.内容要求

"高效6+1课堂"教学模式导学案包括内容有：本节课的教学目标、重点难点；知识点思维导学流程、深入学习、探究未知、合作学习设计等部分。

教学目标：按照课程标准设计教学内容所要了解、知道、应用的知识，以课本为依托；要结合学生的实际情况合理分层设计，满足不同能力水平学生的需求；目标细化可评估，在学习本节课后，学生依据目标检测自己所学。教学内容的关键点是确定教学内容重点难点，重点是新的物理量的引入、物理概念的建立，物理规律的形成及应用等，难点是学生在学习中会出现的思维上的障碍。设置合理的教学措施突破教学的重点和难点。知识点思维导学流程：按目标的设置、课本知识的递进顺序，设置思维流导引路线图，学生按此引导进行有效的学习。导学案包括了解感知、深入学习、迁移运用三个知识递进层次。了解感知有相应的知识点的填写帮助学生回顾本节课所用到的以前的知识，更好地用到本节课的学习上；还包括新知教学的内容，由学生在认真阅读教材后进行完成。对于重点、难点的问题，需要辅助建立一个物理情景模型分析或者导引式的思维进阶方式帮助学生利用引导启示突

破本节课重点、难点知识的学习。迁移运用：设置基础性的问题利用当堂掌握的知识、思路去解决。做到学以致用，达到巩固理解掌握知识目的。合作学习设计：设计难点问题，有思维高度的问题，综合运用本节知识的问题，强化本节课所学的知识点，让每个学生都有思考的机会和空间，培养科学思维、提升科学探究能力和水平、关注到每个学生综合素质的发展和物理学科核心素养的形成。

（二）限时练编制

1.限时练组题原则

"用"是"高效6+1课堂"教学模式的最后的重要的部分，是让学生根据当堂课堂上所学的知识通过习题加以巩固掌握的过程，是课堂教学的延伸，也是课堂所学知识的迁移运用。

为达到练习效果和习题的高质量，限时练试卷的选题的原则要求：

（1）以夯实基础为原则

习题必须侧重对基础知识、基本技能和方法的训练和考查，可以有依据导纲或课本上的改编题。

（2）对应上课堂所学知识原则

习题必须覆盖课堂所学的知识内容，知识面要广，达到巩固运用之目的。

（3）题型全面、难易适度原则

习题难易适度，具有典型性、区分度，可适当提升个别习题的难度，满足层次更高学生的需求。

（4）回顾旧知原则

习题必须有与课堂所学有联系的旧知内容，以达到滚动训练之目的。

2.限时练习要求

限时练习必须按规定时间完成，实现限时练习考试化。自习课预备铃声响后发成卷习题，学生认真审题，仔细作答；下课铃声响，立即叫停按考试要求收取习题试卷；限时练习时合理安排时间，充分利用每一分钟；规范书写，规范答题；到规定时间立即收限时练习交给老师及时进行批阅赋分，并将成绩单贴出去，学生及时查看，并进行分析纠错。

（三）学习小组建设

1.组建原则

依据新课程改革教学理念和高效"6+1"课堂教学模式具体操作要求，推动课堂教学有序进行，实现提升学生的综合能力和提高课堂教学效率的目的，要合理组建学生合作学习小组，学生学习方式转变为"自主、合作、探究"，建成"学生学习发展共同体"的学习小组[①]。

2.小组组织建设

班主任是合作学习小组建设的第一责任人。合作学习小组的构成：每组由6位学生组成，成员要在性别、学习成绩、个性特征差异等方面综合考虑，做到"组内异质，组间同质"；每组设组长一人，每个学科有一位组员负责本学科的学习任务的督促检查，作业的收发等事务，做到各司其职，每个组员都有事要做，培养学生责任感；小组座位：成两列三排；依据综合评价编为1—6号，其中1、2号为A层，3、4号为B层，5、6号为C层。学习交流互帮互助，做到全面覆盖。

3.小组合作学习

（1）"思"环节的要求

组内各成员独立进行学习，互不干扰，互相督促和监督。按照课堂导学案的引导，专注、高效完成"思"环节的学习内容，为在下一环节进行的讨论做充分的准备。

（2）"议"环节的要求

按导学案和教师布置的问题，组员前后面对面围成一圈站立，在组长组织下开始讨论；小组讨论的一般程序是：在独立思考的基础上，先进行对议（同桌间），再进行组议，各组员按顺序依次发问；小组讨论中，学科负责人要发挥好组织者的作用，确保讨论的有序性、有效性、不钻牛角尖、不走偏跑题；讨论过程中，及时记录好组员的正确的观点、好的思路和方法，及突发灵感和疑点的解释，以备下一环节展示；小组讨论后，小组长根据讨论的情况，给组员合理地分配下一环节的展示任务，同时启动帮扶机制，让新知识掌握好的同学帮助还有疑问的同学。

（3）"展"环节的要求

对教师的要求：教师首先要在集体备课时，就要设计出能够暴露学生盲点、误区的知识点、典型例题，在学生展示的过程中，全体师生要善于倾听，通过对学生的积极的诱导、激赏、肯定，调动起学生探究的激情，鼓励学生大胆地质疑、挑战、补充；对于需要归纳总结的问题，教师可通过点名让学生发言；在讨论中发现的新思路、新方法和典型错误，也可以直接点名让学生展示；或有想法的学生展示。教师点名组别回答问题，如一组做主展示，其余组纠错、质疑、补充或挑战；

① 涂欣昕."6+1"课堂模式在高中区域地理教学中的实践研究[D].武汉：华中师范大学，2017：1-36.

教师要全面关注到每个学生、每个小组，不失时机地引导学生踊跃展示。

对学生的要求：口头展示同学语言组织利索简练，面向大多数学生，声音洪亮，答完后自行坐下；黑板展示动作要快、认真书写，步骤规范。讲解时侧身面向全班同学在黑板上指点，不挡住同学视线，展示过程中，学生应学会聆听，积极思考，用心找出有没有要补充、质疑和纠错的地方，但不得随便地去插话，不打断别人回答，等老师发出口令后，方可展示自己的观点；学生竞相展示时，须使用规范开场语："我展示""我补充""我质疑""我纠错"；展示过程中，如有必要，教师可引导学生点评其他同学的发言，鼓励就不同意见进行讨论。

（四）小组量化积分

评价和激励小组合作学习差异通过量化学习小组课堂积分制度。建立个人积分与小组积分相结合的体系来进行。班主任和组长共同商议计分规则，例如：积极口头展示、补充，在正确的基础上每人次加1分；以上台板演展示，或者讲台演讲形式进行展示的每人次加2分；对抗、纠错、质疑、点评正确的每人次记2分等，当然有加分也有减分，比如在7个教学环节中出现违规违纪的现象，可按积分规则进行减去相应的分数。每天对小组、个人课堂积分进行汇总记录，由组员轮流负责，汇总好并在指定时间点交给班级总负责人统计并粘贴出来。

（五）小组合作评价

每天点评：每天早上，或者每天放学前。由班主任或者班长总结一天的班级情况，对小组学习情况等进行点评总结。树立典型，树立班级榜样，发挥班级成员和谐竞争、互相促进的作用。

每周总结：每周班会时间，班主任通过各小组的数据、班级数据对优秀小组和先进个人进行通报表扬。争做先进、激情比拼，建立班级优良学风。

每月表彰：年级组每月对各班先进小组合作学习情况进行表彰，对做得好的班级、优秀小组和先进个人进行表彰，并颁发奖状、粘贴光荣榜。

第二节　高效"6+1"课堂教学模式的案例展示
——以"宇宙航行"为例

"高效6+1课堂"教学模式：教学模式中的"6"，即课堂教学的6个环节，分别是"导""思""议""展""评""检"；课下自习课部分是教学模式的"1"，一节是对课上知识练习巩固限时的练习课，也就是所谓的"用"，即迁移运用知识。7个环节与美国缅因州的国家训练实验室研究成果"平均保留记忆率"——学习金字塔数据匹配：大部分学生在24小时之后对知识的保留程度在5%—90%之间不等。如果用耳朵听讲授，知识仅保留最少约5%；如果用眼睛去阅读，知识保留大约10%；如果视听结合，知识保留大约20%；如果用演示的办法，知识保留大约30%；如果是分组讨论法，知识保留大约50%；如果是实验操作、练习，知识保留大约75%；如果向他人讲授、互相教，快速应用知识，知识保留大约90%。"高效6+1课堂"教学模式，侧重了课堂的教育教学效果，同时注重课后巩固提升和应用所学知识。

一、"导"——课堂起点（5分钟）

开始上课时，老师需要用简单明了的语言创设情境开门见山地导入新课（图片导入、视频导入、故事导入、演示实验导入等），引导学生把将要学的知识和已掌握的知识通过符合学生科学思维的方式联系起来，激发学生带着问题学习新知识的欲望。[①]教师也可以通过复习回顾上节课的知识来导入新课的学习，比如讲授"牛顿运动定律的应用"这一节，以提问的方式复习运动学的公式、牛顿运动定律等知识。当老师导课结束开始进入"思"的环节。

"宇宙航行"教学内容是介绍万有引力定律具体的成就，其教学目标是：使学生了解航天事业的发展及成就，从而激发学生为科学献身精神；知道万有引力理论使人类实现了"飞天"的梦想，重点是理解第一宇宙速度。本节的课的核心内容是牛顿第二定律与在圆周运动条件下的万有引力定律的综合知识的应用。

"导"：（故事、视频导入新课）人类一直都有"飞天"的梦想。我国"嫦娥奔月"神话故事体现了我们先祖对太空的向往。在牛顿发现万有引力定律之后，人类的"飞天梦"就变为现实，现在航天技术正在高速发展并迈向更广阔的空间。请看玉兔落月的视频（激发学生对航天科学的热爱，增强中华民族自豪感和认同感）。问题引入：牛顿曾设想，在高山顶上以不同的初速度将物体抛出，由平抛运动的知识可知初速度越大，落地点越远，当初速度达到一定值时，物体就可能永远不会落到地球上来。

那么这个水平初速度是多大呢？学生带着问题进"思"的环节。

二、"思"——自学深思（15分钟）

学生集中注意力依据导学案上的思维流程图，先认真阅读课本教材，重点的地方，用笔画出来，有疑惑的地方用另一种颜色的笔圈出，一边深入思考提纲中提出

---

① 于伟东."6+1课堂探究教学模式"的应用及反思：以"基因突变和基因重组"为例[J]. 中学生物教学，2016，

的问题，一边尝试分析并归纳知识点。不可以互相交流、互相提问，只能埋头、动笔自学自思。统筹规划好时间，简单问题快速化、重点问题深思化，自我觉得疑难的问题先置之一旁，在后续的环节中等待老师或同学启发解决。

教师走下讲台在教室内巡视观察，对注意力不集中和小声议论等不规范的行为进行提醒并制止，确保每一位学生注意力都高度集中，紧张并高效。教师在教室巡视的过程中，要努力关注学生的神态、表情，洞察学生的困惑知识点，并做好相关的记录。

"思"：学生按导学案指引认真阅读课本，完成对应知识获悉，自主完成了解感知部分及例1、2，知道三个宇宙速度的含义和数值，会推导出地球的第一宇宙速度。

三、"议"——小组讨论（9分钟）

在"议"环节，全部学生起立并以小组学科负责人为中心进行集体讨论交流学习。先由本组学习能力较弱的学生提出问题，可以对问题提出见解的组员迅速给予释疑答惑，同时有类似问题的同学可以倾听。其余同学可先相互讨论。待只剩下组内多数同学都有的问题时，学科负责人开始带领全组实行组议方式寻找问题的解决思路。智慧是在交流碰撞中产生并得以升华的，通过学生互相交流，兵教兵，激活思维，共同高效完成学习任务。在学生讨论过程中，教师可进行巡视，发现并收集各组共同面临的难题，在下一个环节引导学生来作答或由教师适当点拨解决问题。"议"的环节要求组内合理分工、科学讨论、人人参与、互帮互助、节奏紧张有序高效解决问题。

"议"：在导学案的帮助之下，学生小组合作学习和探究学习本节物理知识：①第一宇宙速度两种推导方法；②知道人造卫星的发射速度及运行速度、角速度、周期与半径之间的关系；议有疑问处、有多解处，互相帮助，这个环节能够有效提升组内成员物理学习的效率和质量，同时还能够提升学生解决问题能力、自主学习能力、沟通交流能力等多方面的综合素质。

四、"展"——激情展示（8分钟）

在"展"环节，需要组织语言说明的概念类题目可以起立原地发言，计算题、需要画图进行展示的可在黑板上进行展示。在此过程中，为了使课堂教学过程井然有序，学生在发表个人见解时，需举手并站起来说"我展示"；当同小组组员有不同想法或需要补充时，需举手并站起来说"我补充"；当其他小组的学生对发言学生的观点持怀疑态度或有自己的见解时则可说"我质疑"，然后起立大胆发表见解。在“展”的环节中，教师通过对学生的表现及时思路诱导、激赏与肯定，多点启发和鼓励调动起学生积极思考，大胆展示。[①]

“展”的环节过程要遵守以下规范：展示的一定是有疑问、有代表性的问题，选取展示重点、难点、有争议、一题多解的问题，能拓展延伸、提高学生思维能力，开发学生潜能的问题，简单、无疑问的问题不展示。组织好语言，通过简单干练、通俗易懂的方式，大声地向同学们阐释清楚。此过程中，其他同学认真倾听，积极思考，理解并记忆。取人之长补己之短。

为了使“展”的环节的高效，老师在进行备课工作时，应提前预测学生的难点问题，准备突破难点的方法，学生进行展示时，师生都保持安静认真听展示同学的解题思路和方法，思考有没有需要补充的、质疑的、挑战的，自己的解题方式是否更优一筹等，教师要掌控课堂教学的进度，适当时进行提示或通过点名展示的方式提名思维突出的同学进行解答，也可由自己总结分析解决，确保让课堂教学节奏合理有序进行下去。对表现优秀的学生给予及时的表扬和肯定，激发每一位学生的探索解决问题的激情、开拓和拓宽学生的思维层次和能力。

“展”：首先请学生展示深入学习部分知识，其他同学补充、质疑。其次请同学上黑板板书例1、2，上讲台讲解例3、4，讲解不完善的地方由其他学生进行补充，或者老师引导启发学生继续讲解。

五、“评”——点评精讲（5分钟）

进入“评”环节，这一环节针对“展”环节点评，肯定学生表现突出的地方，指出不足的地方；二是对展评学生没有解决疑难、模棱两可的问题，做出准确的答复；三是对重难点知识进行点拨讲解，总结方法、规律。老师的语言要简洁精练，点拨要开门见山，直奔问题，点深点透。学生应集中注意力，跟着老师的思维走，认真听讲，做好笔记。

“评”是“展”之后的一个教学环节。教师主要“评”结论；拓展学生思路、方法、线索、规律、框架等。“思”“议”“展”“评”四环节是层层递进螺旋上升的关系。

“评”：本节学习了人造卫星的三个宇宙速度，第一宇宙速度即物体环绕天体表面的环绕速度是重点，由万有引力提供向心力结合黄金代换式推导第一宇宙速度的两种方法，第一宇宙速度是最小的发射速度，也是最大的环绕速度；卫星运行轨

---

① 杨景瑶.高效“6+1”课堂教学模式在语文阅读教学中的应用研究[D].宁夏：宁夏大学，2019：1-44.

道半径越大对应的线速度、角速度、向心加速度越小，周期越大。在处理此类问题时要先建立正确的物理模型，在解题指导思想"万有引力提供向心力"的指引下解决天体问题；最后给大家3分钟时间整理和回顾新知。

六、"检"——当堂检测（3分钟）

检测当节课堂教学目标落实的情况、学生掌握的效果，学生自己用这段时间对本节课堂上老师"评"的知识点、方法和规律进行消化，内化为自己的知识结构体系并储备起来。整理笔记、梳理思路，对课堂中还有疑问的部分，进行记录，课后及时找同学或老师解决。在这个环节教师还可以在教室巡查，随时观察给学生进行指导。

"检"：知道第一宇宙速度的推导过程；掌握人造卫星发射原理及其运行规律，自行分析线速度、角速度、周期、向心加速度四个参量与轨道半径之间的关系；明确研究天体运动的基本思路。

七、"用"——定时练习，巩固所学（45分钟）

"用"环节是"高效6+1课堂"教学模式中"1"的体现，这个环节学生通过习题巩固当天课堂知识。限时练习的时间一节自习课的时间，限时练习考试化，要求如考试要求一样，零抬头、零交流，确保高质高量地完成限时练。测试完毕及时上交并交给老师批改。拿到批改好的限时练习卷，学生先纠错，如果有疑问，可以课间问同学或老师，老师不定期地检查学生的纠错落实情况。

"用"：精心设计习题，让学生应用当堂课程当中学习到的新知识去解决问题，以此让学生掌握本节课的物理基本概念、基本规律，提升学生学以致用的能力。

第三节　高效"6+1"物理课堂的完善策略

一、学校层面

为保障每一位教师都能够认真落实有效教学理念、推行高效课堂，而不是"装样子"，学校必须加大监管力度；同时要让教师和学生都有动力接受并且认真实践高效"6+1"课堂教学模式，学校设立奖惩机制，可以外在地刺激教师或学生，使教师和学生能够积极主动地在课堂上应用该模式。

首先，校领导下发教学任务后，年级主任、学科组长这些"领导"要首先转变教学观念，坚定课改和应用高效"6+1"课堂教学模式的决心。

其次，年级主任向教师传达本周教学工作决策并强调严格执行，学科组长组织本学科教师进行集体研课备课，重点强调按照高效"6+1"课堂教学模式的教育理念进行备课，一起研究课程特点确定教学流程，将备课重点落在"备学生"。

再次，年级主任和学科组长进行不定时巡课，校长、教务主任推行不定时听课制度，让校领导真正走进课堂，监督教师是否在课堂应用高效"6+1"课堂教学模式，并针对教师课堂组织情况进行评测，发现问题及时指出，给予教师一定的压力。

最后，要设立一定的教师奖惩机制，鉴于校领导通过听课反映的真实课堂评测结果和学生的课堂具体表现，给予教师物质和精神奖励，例如：将教师在高效"6+1"课堂中的具体教学情况与奖金挂钩、给予表现优异的教师"教学进步奖"，等等。

二、教师层面

（一）转变观念、加强学习

提高物理课堂的教学效率，打造高效课堂，教师的教学观念要及时更新，要以新课改作为指导，从多方面多层次深入理解其内容。

首先，教师应当认真分析当前的教学模式和高效"6+1"课堂教学模式，认识当前教学的弊端，分析"6+1"模式的优点。当前教学模式依旧是教师在讲台上讲授知识内容，学生在讲台下聆听，这种教学方式向学生单向输出知识内容，教师无法及时得到学生反馈，并且忽略学生的个体差异、个性和能力的培养。高效"6+1"教学模式是新课改中较新的一种教学模式，传达了一种教学高效率、高质量和教学相长的理念。

其次，组织教师对高效"6+1"课堂教学模式进行系统的学习，不仅需要学习理论和观念，还需要教师观摩学习优质的案例教学。并且，在学习后对所观摩学习的案例进行评价，认真分析教学中的优缺点，根据自己的教学实际情况吸取经验进行完善优化，以便应用于自己的课堂。

（二）认真备课、学科研课

教师只有明确了解每一个学生、精心备课，才能让整个课堂氛围活跃生动起来，教师要根据自己班级情况编制教学设计和助学案，在集体讨论研课后进行修改完善。

首先，教师依据学生平时在课上与课下的表现和作业完成情况对自己授课班级的全体学生进行分析，分析学生的个性特点、学习特点、学习习惯和思维习惯等。

再分析教材内容，依据本节课的知识特点和学生学情制订学习目标，编写出初步的教学设计。

其次，同一年级的物理学科教师进行共同研课，每个教师都要分析课程目标、特点和自己所授班级的学生学情，继而叙述初步定下的教学设计，并在学科组长的带领下进行有序讨论和点评，最终确定本节课的教学设计。

最后，预设学生的学习情况，教师在学科研课会中讨论挑选出学生随堂检测和课后练习的题目，随堂检测涉及基础题型，课后练习涉及基础题、拓展题、选做题和高考真题，选题原则在精不在多，同种题型和考察方式的题目最多不可超过两道。

（三）发挥主导作用、贯穿课堂

教师要将课堂交给学生，但不能做到"完全放手"，要有效对课堂进行组织，并关注每一位学生的学习状态，适时给予学生指导和鼓励。

首先，促进学生全面发展的同时，教师也应该注重自身的全面发展。教师要丰富自己的专业素养，不仅需要提高并精通本学科知识，还要增强教育科学理论修养，即掌握教育学、心理学和学科教学法等。在学生独立思考环节，教师利用心理学等知识通过学生的微表情或动作判断出学生思考是否顺利，了解学生的意图和需求。

其次，教师引导学生主动表达出自己观点，给予学生一定的心理暗示，让学生敢于开口、敢于出错、敢于质疑，并且利用一定的语言艺术带领学生有条理地分析问题、梳理观点，培养学生的逻辑思维能力、语言表达能力和自信心。

最后，教师应抓住关键问题进行概括总结，对于简单问题无需重复，必要时针对重难点进行反复强调，突出重点、难点，引导学生总结学习方式、进行知识迁移。

（四）教师应努力提高自身教学水平与素质

在"高效6+1课堂"教育教学模式中，教师是一切教学活动的引导者，科学引导学生高效率完成课堂的学习目标和任务。"高效6+1课堂"教学模式在物理教学中，要把"思、议、展"环节的时间留充分，使它们环环相扣。教师的重要任务在于导和评，充分预设课堂上可能出现的情况。"高效6+1课堂"教学模式在物理教学中，要注重引导。导出教学重点，导出教学问题，使学生带着问题进行新课的学习。如果有一个好的引导，这节课就成功了一半。

要成为一名优秀的物理教师，必须具备扎实的物理专业知识，同时还要熟悉更多的教学方法，结合先进的教育理论，用适合学生的教学方法，提升学生在物理课堂上的主动参与度，努力培养学生的科学探索精神，从而激发出学生主动学习物理的热情。学生在讨论过程中可能出现了一些新的问题，这都需要教师能正确及时地给予引导和解释，所以，教师在平时的物理教学活动中不应该仅仅局限于课本上的知识，而是要高于课本的高度和广度，这要求教师应该多阅读，拓宽知识的深度，开阔自我视野。同时物理教师在课堂上应言简意赅，精心备课，要经过个人初备、集体研备、个人复备等环节，把每一节课打磨成精品课，让每一个学生在每一节物理课堂上充满获得感。

三、学生层面

（一）激发学生物理学习兴趣

首先，面对学生不感兴趣的物理课时，可以从学生感兴趣的话题和实际生活入手，将物理知识与学生有兴趣的话题或生活现象相结合，使学生保持一种愉悦好奇的心情进入课堂。例如，将"平抛运动"的知识与目前学生喜爱玩的射击类游戏相结合，利用游戏中子弹的射击速度和飞行轨迹来学习平抛运动的运动规律。

其次，根据调查发现许多课本中要求的学生实验学生并没有进行实际操作，增加学生的实验动手能力，可以加深学生对物理现象的印象，并且能够使学生获得一种想要探究该现象为何会产生的好奇心。

最后，引导学生循序渐进学习，先解决一个"小问题"，逐步去解决后面的"大问题"。不要一开始直接面对复杂问题，容易打击学生的自信心，使学生惧怕物理，而是以先解决基础问题再慢慢解决拓展和拔高的复杂问题这样的一个顺序进行学习，使学生逐步获得更高的成就感，培养学生的物理学习兴趣。

（二）增强探究合作学习意识

首先，要增强学生主动探索知识的意识。学生是学习的主人，学习活动的主体是自己，不能过于依赖教师或其他同学。在课堂实施过程中，教师要明确学生的学习目标，学生依据教材和《课堂助学案》进行独立思考，层层递进，独立解决问题。

其次，要增强学生合作学习的意识。学生小组讨论学习并不是一个人说其他人听，是组内所有成员一起参与讨论，每个学生都要主动提出疑问，主动对自己所知的内容进行讲解，组员互帮互助、共同学习、共同进步。

（三）分工合作、全员参与

首先，明确小组的任务和组内成员的分工，将课堂任务细分给不同小组，组间任务各不相同。组内成员也要有不同的分工，确定谁组织、谁发言、谁记录等。每个成员都要对发言者的发言进行思考，有异议时要勇于质疑，并且要随手记下笔记。

其次，建立组间比赛机制，给予表现突出的小组奖励，增强学生的竞争意识。组内成员互相监督、互相学习，取长补短。激励小组成员参与学习讨论，为小组赢得荣誉，同时也培养了学生的团队意识。

最后，鼓励学生主动发言，展示学习成果。教师随机选择学生进行激情展示，要格外关注从未主动发过言的学生，要眼神暗示、语言鼓励这些较为内向的学生展示自己。可以让表现突出的学生分享自己的经验，如何思考、组织语言、表达等，学生之间相互学习，使全体成员都能参与到课堂当中，人人参与人人进步。

（四）小组合作学习落到实处

"高效6+1课堂"教学模式在实施过程当中小组的组建要科学合理，对学生的综合素质要分层次，小组讨论要科学高效，每个学生都要有展示自我的机会，课堂不能成了尖子生的展示舞台。真正有意义的小组合作学习、讨论应该是全员参与。组员各有优点，彼此各自能发挥自我的特长，取长补短，在小组讨论时要各抒己见，每个人都应该要有发言表达自己想法的机会。要做到这点要求教师对学生有深入的了解，了解学生优秀或不足的地方，小组内做到组员互补。小组合作学习是一个循序渐进的、不断磨合的过程，不可能一开始就达到很好的、高效的效果。真正实现有意义、和谐互助的小组合作学习，最终会有效使学生会学、乐学，提高学生终身学习的必备品质。

四、教学效果层面

（一）高效利用有限时间

一方面，课堂实施前，教师在编写教学设计时要明确本节课具体的教学流程，并且要预设学生的课堂表现及在每个环节学习所需的时间，严格把控每个流程环节的时间，不浪费课堂上的每一分钟。另一方面，课前发放《课堂助学案》，学生依据助学案进行课前预习，熟悉教材内容，熟悉本节课的学习目标和重难点。提前学习为课堂的正式学习奠定基础，可以大幅度减少学生课上独立思考的时间，为其他环节的进行提供保障。

（二）熟悉教学模式，加快进度

俗话说，"熟能生巧"，目前教学进度变慢的主要原因是教师实施高效"6+1"课堂教学模式不熟练，学生对该模式的各个环节也不是很熟悉。这就需要严格要求教师在物理课堂上应用该模式进行教学，使用得多了，学生对该模式的每个环节和在各环节的学习节奏都能够了然于心，思考、讨论、展示都会越来越顺畅，长此以往，学生的思维能力、讨论技巧、表达能力都会提高，也会有效节约时间，加快教学进度，在规定时间内完成教学任务。

随着课程改革的进一步推进，高效课堂的教学理念越来越深入人心，高效课堂教学模式越来越多地应用在中学物理课堂上。教学模式并非一成不变的，而是用来参考借鉴以此来选择最适合自己实际教学的。相较于传统教学模式，高效"6+1"课堂教学模式有很多优势，能够颠覆传统课堂，将课堂交给学生，激发学生的学习兴趣，培养学生各方面的学习能力。但是，它也不可避免地存在一些不足，如教学进度慢、学生负担过重等。总的来看，教师有序地组织课堂，细化学习目标，使学生能够循序渐进地进行探究合作学习，物理课堂氛围会更加和谐，大大提高学生的物理学习兴趣，培养学生自主探究意识和逻辑思维能力。

（三）提高导学案、限时练的质量

"高效6+1课堂"教学模式是以导学案为依托，一份完美的导学案应包括整个教学过程，是该课堂教学的根基。在实际的教学实践中发现，不同课时的导学案的编写质量都有不尽如人意的地方，知识面及知识的区分度有不足。再加上每个老师的教学方式上的差异性，对教学目标、教材的理解上有差异，所教学生的学情上的差异，要认真编制一份结合学情的高质量的导学案。利用好一天两次集体教研时间，教师要对教学的课程标准、考纲要求、学习目标、重点难点、如何导入、基础感知、探究未知、限时练的题目设置等环节进行细化设计，发挥集体智慧，保障学科教学水准高水平，并在教学实践中反复打磨，不断完善。限时练的内容要最大程度与当节课所学知识紧密匹配，所学有所用学生才能有所提高。在导学案和限时练的编写过程中，还要充分考虑教师所教学生的思维发展水平，因材施教。

（四）灵活高效实施"高效6+1课堂"教学模式

"高效6+1课堂"教学模式对"导""思""议""展""评""检"教学6个环节的实施和所用的时间都有明确的规定，多数教师在该模式的教学实施过程中没能结合所教班级的实际学情，常常将该教学模式固化了，脱离实际按部就班地来实行，这样会导致部分学生跟不上教学节奏。如在教学生们可能在特定方面的知识点有欠缺时，就要求教师来通过适当的讲授方式来做有益的补充。在"思"的环节要不断地巡视，发现学生出现的问题，不能把学生思考起来有困难的问题让学生去思考和讨论，在"议"和"展"的环节要根据学生的实际情况，知识掌握程度来适当进行调整，进行适度的点拨和引导。教师这样做会提高课堂效率，更好地关注每个学生的成长。教学模式的实施需要不断的实践，在实践中逐步完善，结合学校师生实际情况进行合理的转变与创新，使得学校的课堂更适应新课程改革理念要求、更科学、更有效。

　　"高效6+1课堂"教学模式的教育观念符合新课程改革理念。通过"高效6+1课堂"教学模式的实际应用，促使学生通过学习具备能够适应终身发展和社会发展需要的必备品格和关键能力。教育教学活动是一门科学，更是一门艺术，正如叶圣陶说"教学有法，教无定法，贵在得法"，在实际的教育教学过程中，不可能单一采用某一种特定的教学模式，因材施教，要充分发挥教育教学过程的整体高效功能，保持教学活动的最大活力，结合教学目的、教材要求、课型内容、学生水平、教师能力、学校教学条件等多方面综合考虑并不断完善"高效6+1课堂"教学模式。

结束语

在完成《物理高效课堂教学策略》这本书的写作之后，我深感其中的每一个章节都是经过深思熟虑和精心构建的。这本书的创作过程充满了挑战和收获，让我对教育有了更深的理解和感悟。

首先，我要感谢我的家人和朋友们的支持与鼓励。他们在我写作过程中给予了我无尽的力量和勇气，让我能够克服重重困难，坚持到底。同时，我也要感谢我的同事们，他们的建议和反馈帮助我不断完善书中的内容，使其更具实用性和指导意义。

在后记中，我想强调这本书的实用性和可操作性。书中详细介绍了物理高效课堂教学的具体方法、技巧和策略，旨在帮助教师提高教学质量和效果。这些方法不仅适用于初高中物理教师，也适用于小学和大学物理教师。我相信，这些方法将会对广大教师产生深远的影响，并帮助他们提高教学效果。

此外，在后记中我还想分享一些个人的感悟和反思。首先，我认为教育是一项充满挑战和机遇的事业，需要我们不断探索和创新。作为一名教育工作者，我深知自己的责任重大，需要不断提高自己的专业素养和教育水平。其次，我意识到教育不仅仅是传授知识，更是培养学生的思维能力和创新精神。因此，在未来的教育工作中，我将更加注重培养学生的综合素质和能力，为他们未来的发展奠定坚实的基础。

最后，我要再次感谢所有支持和帮助过我的人。在未来的日子里，我将继续努力，不断提高自己的教学水平和专业素养，为教育事业贡献自己的力量。同时，我也希望这本书能够为更多的教育工作者提供有益的参考和启示，共同为教育事业的发展贡献智慧和力量。

参考文献

[1]毛红丹.新课改下高中物理如何构建高效课堂[J].数理化解题研究，2023（24）：56-58.

[2]梁占怀."双减"背景下高中物理减负提质高效课堂的构建策略[J].学周刊，2023（21）：72-74.

[3]李玲.以高效预习促高效课堂——高中物理课前预习的干预策略[J].湖南中学物理，2023，38（06）：4-6.

[4]文秀霞.新课改下高中物理高效课堂教学构建策略[J].数理化解题研究，2023（15）：89-91.

[5]钟志明."双减"背景下高中物理高效课堂的探究[J].数理天地（高中版），2023（10）：33-35.

[6]陈梅花.高中物理高效课堂构建策略析谈[J].高考，2023（14）：81-83.

[7]强湧禄.新高考背景下高中物理高效课堂的构建[J].中学课程辅导，2023（13）：21-23.

[8]余建祥.高中物理高效课堂的构建策略研究[J].试题与研究，2023（11）：174-176.

[9]魏东.新课改视域下高中物理高效课堂教学的构建路径探微[J].高考，2023（11）：38-41.

[10]张志祥.高中物理高效课堂的构建策略探究[J].新世纪智能，2023（97）：16-18.

[11]黄德利.新高考背景下构建高中物理实验教学高效课堂的实践研究[J].数理天地（高中版），2023（06）：29-31.

[12]钱晓培.新课改下高中物理高效课堂的构建策略[J].数理天地（高中版），2023（06）：32-34.

[13]何知.学科核心素养视角下的高中物理高效课堂构建[J].学园，2023，16

（08）：72-74.

[14]丛天奕.基于新课改的高中物理高效课堂构建路径[J].试题与研究，2023（06）：7-9.

[15]鲁晓峰.核心素养背景下高中物理高效课堂的构建研究[J].学周刊，2023（02）：58-60.

[16]姜维维.新课程理念下的高中物理高效课堂教学探析[J].学苑教育，2022（36）：37-38+41.

[17]阮寿雄.高中物理高效课堂的构建策略探究[J].中国多媒体与网络教学学报（下旬刊），2022（12）：145-148.

[18]陈均涛.探究高中物理高效课堂的构建策略[J].数理天地（高中版），2022（24）：72-74.

[19]孔维华.核心素养视角下高中物理高效课堂的有效构建[J].科幻画报，2022（12）：20-21.

[20]崔大军，牛建玲，赵东.构建新高考下高中物理高效课堂的策略[J].高考，2022（34）：6-8.

[21]苏文业.如何构建新高考下高中物理高效课堂[J].数理化解题研究，2022（33）：74-76.

[22]林秀英.基于小组合作学习的高中物理高效课堂策略研究[J].当代家庭教育，2022（28）：109-112.

[23]姚龙楷.支架式教学策略下高中物理高效课堂的构建[J].黑河教育，2022（10）：32-33.

[24]汪厚军.新课改下高中物理高效课堂教学的构建策略探析[J].考试周刊，2022（41）：113-117.

[25]杨彦春.试论高中物理高效课堂的教学方法[J].新课程，2022（36）：200-201.

[26]甘秉洪.新高考背景下构建高中物理实验教学高效课堂的实践研究[J].中国教育学刊，2022（S1）：152-154.

[27]张立勇.刍议高中物理高效课堂的教学方法[J].数理化解题研究，2022（27）：98-100.

[28]陈方.新课改理念下高中物理高效课堂构建探究[J].科幻画报，2022（09）：165-166.

[29]杨昌海.核心素养下构建高中物理高效课堂的实践[J].天津教育，2022（26）：103-105.

[30]张春龙.探究高中物理高效课堂的构建策略[J].中学课程辅导，2022（26）：117-119.

[31]秦天春.浅谈新课程理念下的高中物理高效课堂教学[J].数理化解题研究，2022（24）：65-67.

[32]姬生燕.高中物理高效课堂"6+1"中"评"之环节初探[J].新校园，2022（08）：32-33.

[33]李杰.高中物理高效课堂教学行为分析[J].试题与研究，2022（19）：102-103.

[34]罗章萍.新课改背景下构建高中物理高效课堂的策略[J].高考，2022（18）：12-14.

[35]林胜龙.新课改下高中物理高效课堂教学的构建策略[J].亚太教育，2022（12）：169-171.

[36]韩梅.高中物理教学中高效课堂的构建方法研究[J].科幻画报，2022（05）：167-168.

[37]王丽莉.高中物理高效课堂的构建策略微探[J].新课程，2022（16）：186-187.

[38]白涵如.新课改下高中物理高效课堂的创建研究[J].科幻画报，2022（04）：239-240.

[39]王致敏.高中物理高效课堂教学策略探讨[J].试题与研究，2022（11）：78-79.

[40]丁宏.高中物理高效课堂教学实践探究[J].中学课程辅导，2022（11）：36-38.

[41]张彦彪."互联网+"背景下打造高中物理高效课堂的探索[J].亚太教育，2022（07）：7-9.

[42]杨秀杰.浅谈新课程理念下的高中物理高效课堂教学[J].高考，2022（08）：93-95.

[43]赵文焕.核心素养下高中物理高效课堂构建路径[J].数理化解题研究，2022（06）：83-85.

[44]王玉梅.高中物理高效课堂的构建策略探究[J].学周刊，2022（08）：44-45.

附录：日常行为评价细则

一、小组合作环节

小组成员能够遵循教师的要求，有针对性地进行自主学习，且获得良好的学习成果；同时，小组成员对教师提出的相关问题，进行积极地小组讨论，为每一位小组成员提供发表意见的机会和平台，产生良好的讨论氛围，此时，教师可以酌情对该小组予以集体加1-5分。在教师巡视期间，发现小组成员间讨论与学习无关的问题，教师有权对小组处于扣除3-5分处罚，如果情况严重，出现扰乱课堂纪律，干扰其他同学正常讨论的情况，教师将视情节处以5分以上，直到取消该小组参与集体评优资格的处罚。

二、小组展示环节

（一）认真倾听

在进行小组学习成果集体展示期间，小组成员能够保持积极的学习状态，做到认真倾听、精力集中，教师可以对表现突出的小组予以1-5分奖励。如果出现小组成员随意打断其他人员汇报、起哄、私下讨论或其他扰乱课堂教学的行为，教师有权视情节轻重，对该同学所在小组处以扣除3-5分处罚。

（二）积极展示

小组成员集体展示期间，小组内其他成员可以进行轮流补充或板书演示，产生积极的促进性互动，其他小组成员能够对该小组的展示结果进行踊跃发言，教师可以根据小组成员发言的准确性、积极性和建设性，进行加分奖励，分值在1-6分之间。

三、课后作业

根据小组成员在完成课后作业的正确率、书写工整、格式规范等情况进行集体加3分的奖励；对小组内未按时完成作业或书写不规范、不工整的将处以3分处罚，如果小组成员能够在1天内，对不合格的课后作业进行补交，可以撤销扣除分数；针对个人同学在完成课后作业时，有一定的创新或长期保持良好的，教师可以酌情加1-3分。